行政学叢書 ⑪

公務員制

西尾 隆――［著］

東京大学出版会

Working Papers on Public Administration 11
The Civil Service System in Japan
Takashi NISHIO
University of Tokyo Press, 2018
ISBN978-4-13-034241-4

刊行にあたって

日本行政学会の創立以来、『行政学講座』（辻清明ほか編、東京大学出版会、一九七六年）と『講座　行政学』（有斐閣、一九九四―九五年）が刊行された。私が編集代表を務めた『講座　行政学』の出版からすでに十余年の歳月が徒過してしまった。『講座』の刊行を終えたらこれに続いて『行政学叢書』の編集企画に取り掛かるというのが、私の当初からの構想であった。しかしながら、諸般の事情が重なって、刊行の予定は大幅に遅れ、とうとう今日にまで至ってしまった。

しかし、この刊行の遅れは、考えようによってはかえって幸いであったのかもしれない。一九九五年以来ここ十余年における日本の政治・行政構造の変化にはまことに大きなものがあったからである。一九九三年には自民党が分裂し、一九五五年以来三八年間続いた自民党単独一党支配時代は幕を閉じ、連立政権時代に移行した。そして政治改革の流れの始まりとして衆議院議員選挙が中選挙区制から小選挙区比例代表並立制に改められ、政党助成金制度が導入された。また一九八〇年代以来の行政改革の流れの一環として行政手続法や情報公開法が制定された。第一次分権改革によって機関委任事務制度が全面廃止され、地方自治法を初め総計四七五本の関係法令が改正された。「小沢構想」が実現に移され、副大臣・大臣政務官制度や党首討論制度が導入され、政府委員制度が廃止された。「橋本行革」も法制化され、内閣機能の強化、中央省庁の再編成、独立行政法人・国立大学法人制度の導入、政策評価制度の導入が行なわれた。さらに、総選挙が政権公約（マニフェスト）を掲げて戦う選挙に変わった。そして小泉内閣の下では、道路公団等の民営化や郵政事業の民営化が進められ、「平成の市町村合併」も進められた。

その一方には、公務員制度改革のように、中途で頓挫し先送りにされている改革もあるものの、憲法に準ずる基本法制の多くに戦後改革以来の大改正が加えられたのであった。したがって、この『行政学叢書』の刊行が予定どおりに十余年前に始められていたとすれば、各巻の記述は刊行後すぐに時代遅れのものになってしまっていた可能性が高いのである。

このたび、往年の企画を蘇生させ、決意も新たにこの『行政学叢書』の刊行を開始するにあたって、これを構成する各巻の執筆者には、この十余年の日本の政治・行政構造の著しい変化を十分に踏まえ、その上で日本の行政または行政学の前途を展望した内容の書籍にしていただくことを強く要望している次第である。

この『行政学叢書』は、巻数も限られているため、行政学の対象分野を漏れなく包括したものにはなり得ない。むしろ戦略的なテーマに焦点を絞って行政学のフロンティアを開拓することを目的にしている。一口に行政学のフロンティアの開拓と言っても、これには研究の領域または対象を拡大しようとするものもあれば、新しい研究の方法または視角を導入しようとするものもあり得る。また特定の主題についてより深く探求し、これまでの定説を覆すような新しい知見を提示しようとするものも含まれ得る。そのいずれであれ、ひとりひとりの研究者の目下の最大の学問的な関心事について「新しいモノグラフ」を一冊の単行本にまとめ、これらを連続して世に問うことによって、日本の行政学の新たな跳躍の踏み台を提供することを企図している。そしてまた、この学問的な営みがこの国の政治・行政構造の現状認識と改革提言の進歩発展にいささかでも貢献できれば、この上ない幸せである。

二〇〇六年三月

編者　西尾　勝

公務員制　目次

序章　公務員制とは何か……1
本書のテーマ／「公務員制」とは何か／「官のシステム」と公務員制／公務員制の性格と論点／本書の構成

I章　公務員の範囲と分類――日本の公務員制の性格……23
1　公務員とは何か――その意義と範囲　25
「国民の公務員」と「全体の奉仕者」／「勤労者」としての公務員／「市民」としての公務員／刑法と「みなし公務員」／「コスト」としての公務員
2　公務員の分類　36
国家公務員と地方公務員／一般職と特別職／試験区分と事務官・技官／キャリアとノンキャリア／その他の分類／公式分類と非公式の分類
3　日本の公務員制の性格　54
従来の議論／公務員数、政府の規模の比較／相互性と曖昧さ

II章　歴史の中の公務員制――官吏・公務員制度の変容と政府システム……65

1 官吏制度から公務員制へ 66
官吏制度の確立／官吏制度の特権的性格／政党政治との関係／戦後改革とその後
2 政府の構造と発達段階 80
「政府」とは何か／「自我」としての政府／政府のタイプ／抑圧的政府／民主的政府と（特殊日本型）自律的政府／応答的政府
3 官吏・公務員のタイプと変容過程 94
抑圧的政府と「天皇の官吏」／自律的政府と「国家官僚」／応答的政府と「対話型職員」

Ⅲ章 分権型人事と公務員制の自律化——各省庁と人事院 103
1 人事院の独立性と相互依存 105
「制度の自律化」再考／「S–1試験」と人事院の試練／職階制の挫折と給与勧告制度の定着
2 各省人事の現場から 116

人事に対する受動性と情熱／公務員制の運営をめぐる諸課題／秘書課長から見た人事管理

3 分権型人事管理のメカニズム 129

公務員のキャリア・パタンとその課題／グループ別人事の実態／公務員制におけるアートと科学

IV章 公務員制度改革の争点化と政治——応答的政府への途……139

1 第二臨調から行革会議へ 142

第二臨調と人事院勧告の凍結／不祥事の多発と公務員倫理法／行政改革会議と公務員制度調査会

2 天下り問題と世論 156

公務員制度改革大綱と「霞が関文化」の危機／天下り問題の争点化／応答的政府と世論

3 公務員制度改革と内閣人事局の設置 171

国家公務員制度改革基本法と政官関係／政権交代と改革競争／内閣人事局の設置と政治主導

終章　霞が関文化とそのゆくえ……187
公務員制をめぐる問い／文化理論の視座／文化理論から見た公務員制の性格／公務員制の課題再考／改革のゆくえ

注　209

あとがき　227

索引

序章　公務員制とは何か

本書のテーマ

本書の扱うテーマは、日本の公務員制の性格、課題、および改革のゆくえである。これらのテーマを近現代日本の行政史の中で考えてみたい。

公務員制度改革は現代日本の重要課題の一つであるが、この制度の性格は深く歴史に根ざし、その課題は広く社会の諸領域とかかわる。また、改革のゆくえは政治や世論の動向に左右される一方、政府のパフォーマンスに大きく影響する。公務員制の重要性もその改革の困難も、複数の糸が縒り合わさったこの制度の複雑な性質に起因している。一九九〇年代以降、相次ぐ不祥事や天下り問題を機に、幹部人事のあり方や人件費削減を含む公務員制度改革が争点化し、時に政争の具とされるなど現場の混乱も少なくない。

二〇一一年三月十一日の東日本大震災は、公務員給与にも過去に例のない状況を生んだ。人事院は民間事業所の給与調査に基づき、毎年八月上旬に民間準拠の観点から給与勧告（人勧）を国会と内閣に行う。だが、同年は作業が遅れ、九月末に被災三県を除く民間事業所のデータを基に月例給で平均〇・二三％（八九九円）の引き下げ勧告を行った。他方、時の民主党政権は自民・公明両党との協議に基づき、国家公務員給与の大幅引き下げを内容とする給与改定特例法案を成立させ、一二年度から二年間の期限つきで実施した。同法は、「我が国の厳しい財政状況及び東日本大震災に対処する必要性に鑑み、一層の歳出の削減が不可欠であることから」俸給月額を平均で七・八％（管理職手当は一律一〇％）削減するというものであった。政府は一二年三月から人勧分を実施した上で四月から特例法を実施し、削減額は平均給与月額で二万八〇〇〇円以上となった(1)。削減幅で三〇倍もの開きのある二つの規範が異なる正当性をもって同居するという状況は、戦後公務員制における「技術」と「政治」の相克、科学的人事行政と民主的統制のディレンマを象徴している。

このことを、大震災という状況下での例外事象と見てよいだろうか。一般職の国家公務員約二八万人の給与決定には、人勧という戦後史の中で定着した手続が基本となるが、財政難を理由とすれば政治の決断で公務員に対する大胆な価値剥奪が可能となり、ストの発生どころか日常業務に支障さえ生じないのが日本の現状である。二〇〇八年、国家公務員制度改革基本法が改革の方向を示すプログラム法として制定されたものの、その後幹部の一元管理、労働基本権の回復、人事院の権限縮小などを内容とする法案はことごとく廃案となった。結局一四年に公務員制度改革関連法案がようやく国会を通過し、内閣人事局の設置をみるが、議論された諸課題が解決に向かっているわけでは決してない。

むしろ、幹部の人事権を握った官邸政治に行政の公正な判断がゆがめられ、公務員の中立性が侵食されるような事態さえ生じている(2)。戦後公務員制という帆船は、予測もしない風向きの急変でさらに困難な舵取りを迫られているように見える。

そこで日本の公務員制の歩みをふり返り、その技術的・政治的課題を腑分けし、今後を展望しておくことは、行政学のみならず日本全体にとっても必要な作業であろう。以下、本章では「公務員制」の意義を検討していくが、その前段として本書のテーマである公務員制の「性格」「課題」および「改革のゆくえ」が意味するところを整理しておきたい。

まず公務員制の「性格」(character)とは、個人の場合と同様に、他の制度、諸外国、過去と対比したときの特徴ないし傾向のことであり、その把握には制度が作動するメカニズムへの立ち入った観察と総合的な理解が求められる。性格の同定は、最初の「見立て」という意味では比較制度研究のアルファであり、改革後の評価という意味ではオメガといえる。包括的な比較分析は筆者の能力を超えるが、終章では人類学の「文化理論」の視点から日本の「霞が関文化」の検証を行いたい。筆者が注目するわが国公務員制の性格とは、各官庁内、官僚集団内、行政官と政治家の間、関係する集団間、さらに職員間の平等主義的な「相互性」(mutuality)である。相互性には集団圧力からくる閉鎖性が伴う一方、政と官の間に分をわきまえる「分離の規範」が浸透せず、国会等による官僚制への「統制の規範」も不十分な点に特徴がある(3)。ここから、公務員制に対する民主的統制の不徹底や逸脱、「市民性」(civility)の弱さという問題もあぶり出される。

だが、「霞が関文化」といえども他の諸制度の性格と同じく、歴史的、あるいは局所的に見ればダイナミックに変化しており、固定的にとらえるべきものではない。また相互性とは、欧米を含め広く世界の公的組織で観察されるパタンの一つであり、この概念によって日本的な特徴がすべて説明できるわけでもない。相互性は法制度と実態の乖離、制度運用上の不透明さ、両義性といった公務員制のもつ曖昧な性格とも関連している。

中長期の視点から見ると、いかなる制度も創設時の基本設計に強く規定され、過去のランダムな経験がその後を拘束する「経路依存的」(path-dependent) な傾向をもつ。他方、制度が発足当初の道具的な段階を離れると、それ自体が次第に価値を帯び、外部環境からの期待や内部集団の支持を受けながら一種の「自我」、つまり自律的な意思決定を行うコア集団を形成する。欧米の行政組織は総じて道具性が強く、改変が行われやすいが、日本の組織は職員の集合的アイデンティティとも深くかかわるため、省庁再編はしばしば大事業となる。(4) 公務員制も多数の職員の生活にかかわる有機的システムであり、当事者間の利害調整は時に人格における自我の葛藤のように映る。世論の批判を無視しようとしたり、組織の改編に強く抵抗したりするのはその一例である。だが、最終的には自己保存とシステム維持の必要から苦い現実を受け入れ、次の段階に進んでいくことになろう。その適応のプロセスに制度がもつ価値の変動や優先順位が示され、そこに制度の際立った「個性」(distinctive character) も現れる。(5)

次に、公務員制の「課題」に目を向ければ、天下り、労働基本権問題、開放化、効率化、能力主義、規律強化、民主的統制など多数の論点が含まれる。「性格」自体は規範的というより記述的概念だが、それが制度本来のミッションや環境変化との関連で病理現象として認識されると政治的争点にもち上がり、価値評価にさらされる。例えば官僚の所属官庁へのコミットの強さはセクショナリズムとして、政策策定への意欲は官主導として、官民の協調関係は癒着として、それぞれマイナスの評価を受けることになる。

本書で扱うのは課題群全体の一部だが、主な課題には次の項目が含まれる。まず、政府の規模、公務員数、人件費は公務員制の基礎であり、日本がこのまま「小さな政府」を目指すならば公務員制の将来に大きく影響する。次に、職業公務員と政治家・民間人・市民との境界線、公務員の分類基準が方々でボーダレス化しており、この枠の変動は制度の性格に質的な変化をもたらしうる。加えて中央人事行政機関である人事院の位置づけは、戦後公務員制の展開と密接に関係してきた。海外に例のない給与決定システムの中核主体である人事院は、労働基本権、政治的中立性、公務員倫理、キャリア制度の今後を考える上での基軸の一つである。

以上の公務員制の諸相が「課題」たる所以は、国民生活、公務員の士気、政府全体としてのパフォーマンスに多大な影響を及ぼすからである。二〇〇七年、社会保険庁の解体により職員の非公務員化が決まったのは、年金制度への国民の不満と不安が臨界点に達したからであった。だが少子高齢化が進む中、特殊法人として再出発した日本年金機構にとって制度の立て直しは道半ばである。納付率が六割にとどまる国民年金の徴収に歳入庁設置案が出されるなど、再公務員化の動きもある。他方、〇九年から三年間続いた民主党政権の経験、再度の政権交代で成立した安倍内閣の手法が示すように、官邸主導の政治が引き起こす混乱も小さくない。公務員制度改革が容易に進まなかったこと自体、一研究テーマになりうるが、当事者たる官僚の合意の難しさも理由の一つである。改革に伴う職員のモラール低下といった副作用を、政権も国民も軽視すべきではない。

以上の諸課題に対応させつつ、本書では三つ目のテーマとして、公務員制の「改革のゆくえ」を考えたい。改革にビジョンの提示と共有は不可欠だが、公務員制の将来像についての共通理解は今なお不十分である。有能だが政治に対し受動的なイギリス流の公務員制を目指すのか、フランス的なエリート主義の官僚制をよしとするのか、アメリカ的な開放型の政治任用に舵を切るべきか、「議論は生煮え」だと指摘された状況[6]は今も続いている。国民やメディアの側も、不祥事が発覚する度に怒りをあらわにするものの、公務員の数・役割・処遇や公務員制の性格に関する意見に一貫した主張は見られない。

そこで、行政に対する「期待」を基本に立ち戻って考えてみたい。C・フッドによれば、市民の行政への期待には、(一) 効率性 (efficiency)、(二) 公正さ (fairness)、(三) 頼もしさ (robustness) の三つの次元があり、どの価値を重視するかによって改革の方向性は大きく異なってくる[7]。この視点から日本の公務員制に光を当てるならば、次のように整理できよう。まず (一) について、年々深刻化する財政状況は価値選択以前の問題として、公務員制にさらなる効率化を迫るであろう。次に (二) に関して、今後増税が避けられないとすれば、国民の不信をこれ以上増幅させないためにも、公務員の公正さの確保と特権打破は譲れない一線となろう。さらに（三）に関して、今後の世界が「リスク社会」に向かい、安全安心政策への期待が高まるとすれば、職員数の面で治安・保安系の拡充が求められ、「小さすぎる政府」を見直さざるを得なくなろう。フッドが指摘するように、三つの期待は相互に緊張をはらむ。その意味で、日本の公務員制は戦後改革期に指摘された民主化と能率化という「二重の課題」[8]を上回る、一個多重の課題を背負うといってよい。

事実、人口減少と財政赤字から見る限り、政府の規模拡大はむずかしい。他方、敗戦時と比べ、あるいは国際比較から見ると、社会的ストックの蓄積、科学技術の水準、平和と治安のよさなどの面で日本の社会は着実に進化を遂げてきた。戦後公務員制に対する筆者の理解と評価とも関連するが、抜本的・体系的な改革の断行よりも、優先順位の高い課題の解決を念頭に、透明化、無駄の削減、不正・不正直・不公平の除去から着手し、インクリメンタルに「改善」を積み重ねていくことが必要ではないかと思う。

「公務員制」とは何か

本書では、表題の「公務員制」というコンセプトを、一九四七年制定の国家公務員法（国公法）を核とする法制度としての「公務員制度」からあえて区別している。暫定的な定義を試みるならば、「公務員制とは、広く政府職員の地位・能力・役割・行動・処遇・規律などを枠づける公式・非公式の政治行政システム」と要約しうる。いくつか注釈をつけると、「政府職員」について公選・非公選、常勤・非常勤を区別していないが、主たる考察対象は常勤かつ非公選の一般職公務員であり、場合によって大臣などの特別職公務員を含める。また「政府」とは、国だけでなく地方自治体も含むが、本書では国を中心に扱う。「枠づける」との表現を使うのは、公務員制の本質的な機能が職員集団の行動の舵取り（steering）ないし統制（control）にあるからである。官僚が自律的に行政を動かしているように見える場合も、組織内で競争原理や相互監視が働いており、こうした心理機制を含む集団力学や運用技術も「枠づけシステム」の一部である。

「公務員制度」のイメージが技術的・工学的だとすれば、「公務員制」はより社会的・有機的なイメージでとらえることができる。むろん両者は密接に関連し、ことさら区別する必要はないかもしれない。いずれの場合も、政府職員の分類・組織・任用・研修・給与・能率・分限・規律・懲戒・退職などに関するルールおよび運用技術の体系を内容とし、実際本書においても両者を入替え可能な語として用いることが多い。だが、少なくとも以下の三つの意味において、「公務員制」の語は特別な規範的意義を帯びる。

まず、「公務員制」対「官僚制」という対比の中で、公務員制は二つのシステムの対立構図に位置づけられる[9]。辻清明が国公法の三〇年を回顧しつつ、自らの研究テーマが「公務員制と官僚制の異同性」にあったと記すように、両者はいわば互いに重なり合う二つの円の関係にある。その際、辻の関心は公務員制の中心点と官僚制の中心点の距離の変化に注がれていた。辻は官吏制度の発達に関して、「絶対制に対する市民的批判と民主的闘争の貴重な所産として、その歴史的意義を誇示することのできた公務員制とそれに随伴する政治的慣行[10]」と述べており、意識的に「公務員制」の語を用いたことは明らかである。すなわち、「絶対制」の下での「官僚制」と対比しつつ、「民主制」という政治システムの不可欠の要素として「公務員制」を位置づけているのである。

辻以降では、小林正弥が世界規模で進行している「脱官僚制化」の潮流を展望しつつ、「人倫的公務員制」への途を提案している[11]。小林は「日本官僚制の運命」を予見し、辻の発展図式の延長上に「脱官僚制化」と「人倫的公僕員制」が到来するとし、日本官僚制が解体する可能性を指摘する。そして「全体論的奉仕員制」の名の下、「官僚制」と「公務員制」（公僕員制・奉仕員制）が対比され、前者から後者への転換を構想している。

以上の用法は日本語上のものだが、欧米の文献でもイギリスの政治学者H・ラスキは『政治入門』において、「いかなる公務員制（civil service）も官僚制（化）の危険をもつ。それはルーティンの硬直性と年功的昇任によってもたらされる」と両者が対抗ないし緊張関係にあることを論じている[12]。アメリカの行政学者F・モシャーも、民主制・代表制の原理に基づく公務員制（public service）の形成を、歴史と比較の軸において考察している[13]。こうして「公務員制」を、絶対制的な「官僚制」に代わる「民主制」下の制度として理解する立場に立てば、「公務員制」の語は技術的・中立的な道具以上の規範的価値を帯びるであろう。生けるシステムとしての「公務員制」は、仮にその内に官僚制的な要素を含んでいるとしても、それを克服しようとする民主化の理念と改革運動の魂を失うことはないのである。

第二に、国公法や給与法とは別次元の規定と思われる法制度も、「公務員制」の重要な要素に含まれる。例えば、行政手続法（一九九四年施行）と情報公開法（二〇〇一年施行）は、公務員に対し国民への「説明責任」を課すという意味で、国家公務員倫理法（二〇〇〇年施行）に劣らず重要な規律を定着させた。国公法の服務規程は、信用失墜の禁止や守秘義務など内部的な規律を核に構成されているが、「対市民規律」を定めたこれらの法律は、戦後半世紀にしてようやく新憲法の精神を具体化したものといえる。「全体の奉仕者」であるべき公務員が、守秘義務を盾に国民の共有財産である行政情報を独占してきた点にこそ、官僚制の問題の核心があったからである。

説明責任が国民と公務員の関係にかかわる新しい規律だとすると、政治家と行政官の関係にかかわるルールも重要である。内閣法および国家行政組織法は、内閣総理大臣の行政各部への指揮監督権、各省大臣の職員への統括権を定め、大臣の優位、裏返せば職業公務員の閣僚への服従義務が示されている。また国会法と議院証言法は憲法の定める両院の国政調査権に基づき、内閣および官公署の報告・記録提出義務を規定している。さらに内閣人事局の設置により、幹部職員への内閣の統制力が制度上強化された。とはいえ、「官に対する政の優位」が人事行政上適切に運営されているか否かは新たな課題であり、別途検証する必要がある。

一方、国家公務員と地方公務員の関係についていえば、二〇〇〇年の改正地方自治法は自治体に対する国の補完的役割を明記し、国と自治体の職員も対等・協力の関係に立つものと解釈しうる。以上はそれぞれ、官民関係、政官関係、官公関係の観点から公務員の行動と規律を枠づける制度であり、公務員制の土台として考えられる。

公務員制はまた、政治行政以外の「社会的」(societal)な次元を有しており、教育・学術・労働にかかわる諸制度も公務員制の外延で接している。戦前の官吏制度の確立にとって、帝国大学の発足は不即不離の関係にあった。最近では法科大学院や公共政策大学院の定着が採用試験の区分見直しを促し、東大法学部の定員削減なども相まって学生の進路選択上の変化を生じ、I種・総合職の受験者の減少をもたらした[14]。あるいは労働法制の官民区別は続くものの、非正規職員の増加と連動する労働・雇用制度の変化も公務員制を考える上での重要な文脈の一つであろう。公務員制は、これら高等教育や労働の制度を抜きにしてはおよそ語れない。

第三に、「公務員制」とは、法制度としての「公務員制度」を核としつつも、インフォーマルな慣行や職員の行動様式も含む有機的システムとして理解される。この視角は、制度形式と同時にその運用(マネジメント)の実態に研究者の目を向けさせ、社会学的な観察を要求する。例えば改革の争点とされてきた幹部職員の「私企業への再就職」(天下り)は、二〇〇八年まで法令上は原則禁止とされ、例外的に人事院の承認をもって容認されてきた。しかし制度としてこの禁止規定を説明し、「関連企業の幹部に再就職するケースも一部存在した」と注記的に扱うわけにはいかない。実態はむしろ、人事の新陳代謝を維持するための根幹システムにほかならず、退職管理の安定的運用は今も各省官房の重要な任務であり続けている。

慣例では、試験区分として国家I種(総合職)採用職員がII種・III種(一般職)採用組よりはるかに早いスピードで昇進していく「キャリア制度」は、法的に明確な規定のないインフォーマルな運用に過ぎないが、霞が関では組織の秩序の一部となっている[15]。このほか、欧米諸国と比べた際の勤務時間の異常な長さ、官僚の政界への進出傾向など、法令と異なる、あるいは法令に特段の定めのない慣行が日本の公務員制の性格を強く規定している。

これら非公式の慣行を観察すればするほど、制度と実態の乖離、原則と例外の逆転が長年放置されてきた奇妙な現実に気づく。公務員制を考察することは、法規範が社会の「生ける制度」として容易に根づかず、人々の生活実感から遊離しがちな日本の問題を考える際の素材にもなるだろう。

「官のシステム」と公務員制

以上の視点は、大森彌の『官のシステム』に示された見方にも通ずる。同書のエッセンスを要約すれば、日本の「行政」は明治以来、法の実施というよりも「政（まつりごと）を行うこと」にほかならず、その担い手である「官たち」の人事・組織・執務の秩序は独特の「粘性」（viscosity）をもち、職階制を立ち枯れにし、大部屋主義を持続させ、分権改革を鈍らせるなど、「憲法は変わったが、『官のシステム』は残った[16]」とされる。戦後改革を乗りこえて生き続けている粘性への注目は、インフォーマルな慣行を含む本書の「公務員制」の見方と重なる。大森自身は、政治主導の確立、自治の実現、公務員制度改革などの重要性を強調しており、その意味で「官のシステム」という概念の提示は、変革のために必要な悲観的現状認識という性格をもつと考えられる。

だが、本書の「公務員制」のとらえ方は、「評価」の視点においてこれと理解を異にする。現状認識としては大森と同様の見方に立つ部分も少なくないが、「官のシステム」の語がいわばマイナス価値であるのに対し、「公務員制」は、「官僚制」の病理である絶対性、特権性、集権性、無謬神話を克服しようとする運動の契機を含む理念であり、プラスの価値を帯びている。それは、民主制、自治制、市民性、合理性といった戦後改革の理念を内在させた「発展途上のシステム」として理解すべきものである。いかに歩みが遅く、時に後退もあるとはいえ、その理念は一歩一歩成長し、実現に向かいつつある、と見たいのである。松下圭一は、政治および政治学がもつ構想と予測性について次のように述べている。

「ポリティックスとしての政治学は、ポリティカル・サイエンスと異なり、対象が現実に成熟していなくても、現実のなかに予兆を発見し、その可能性を構想力によっておしひろげるという性格を宿命的にになっている……。これが予測性である。構想つまり予測としての政治学は、いわば未来のある時点において、『実証』あるいは『検証』されるはずなのである」[17]。

松下は一九六〇年代以降の市民運動の激発に関連して、「戦後改革のポテンシャルが、この時点でアクチュアルになったのである」と、戦後改革の理念の開花・具現化を指摘する[18]。辻清明が日本官僚制の病理として描いた割拠性と特権性は、大森の『官のシステム』の中核要素といえるが、他方、辻の「公務員制の意義と限界」が示す発展段階、すなわち「絶対制下の官吏制度」→「民主制下の公務員制度」→「現代公務員制度」という歴史の概念構図は、一つの歴史必然としても理解しうる[19]。確かに辻自身が強い口調で述べるように、「新しい制度の設定のみでこの〔官僚制の民主化という〕課題が果たされると考える安易な態度は、絶対に許されるべきものではない」[20]。にもかかわらず、戦後史の中で「民主制」、「自治制」、「公務員制」という言葉を公式に使うこと自体が、現実の制度に作用し、実態の変化を方向づけ、新しい理念の予言的な機能を示唆するのである。

実際、日本の公務員制を日本近現代史という長いスパンで見るとき、少なくとも戦後改革から一九八〇年代までの約四〇年の間、それは試練に直面しながらも、「システム」としてたゆみない成長を遂げてきた、と見ることもできる。「成長」という言葉を慎重に使うとしても、制度の基本原理が修正を受けず、環境の激変や批判を吸収しつつゴーイングコンサーン（継続的な事業体）としての行政活動を支え続けてきたという事実は、公務員制それ自体の柔構造と成長を物語る。

だが、ここでシステム理論の見方に立てば、一九八〇年代以降、公的規制の緩和、三公社の民営化、分権改革、中央省庁再編などの改革が次々と実施される中で、行政システムの中核に位置する公務員制のみが全く変化しないという事態はありえないことである。公務員制を生きた政府システムの一器官と見れば、公務員は民営化と規制緩和によってその守備範囲を限定され、分権改革によって自治体職員との関係組み替えを迫られ、省庁再編以後は政治主導の流れにより政府内での発言力・影響力を弱めてきた。また透明化の圧力や公務員倫理法による新たな規制を受け、公務員の行為規範・行動様式は大きく変質している。明治以来この国を覆ってきた行政の「無謬性神話」も、ほぼ崩壊したといってよい。

例えば天下り根絶に向けた二〇〇七年の国公法改正への動き、官邸主導による公務員改革（叩き）に防戦を強いられた官僚機構は投了前の将棋のような光景であった。だが、それによって当時の安倍首相が唱えた「戦後レジームからの脱却」が実現していったのかといえば、むしろ戦後改革の理念に立ち戻る契機となったというべきである。政府内および社会全体の中での公務員集団の位置関係は、戦前の「官僚制」的布陣から「公務員制」の布陣へと、氷河のごとく軋みをたてつつ断続的に移行中なのである。

大森は結論として、「問題は、変わらなければならないのに変わらないでいる官のシステム自体である」[21]との評価を下している。だが本書の見方は、むしろ日本官僚制の秩序（官のシステム）は戦後史を通して、とくにこの二〇年あまりの間、新憲法が想定した民主制・公務員制・自治制の新しい秩序に向けて変容してきた、というものである。

むろんクリティカルなこの体質変化に伴って、断続的に発熱（問題が続発）し、傷口からの出血や膿（不祥事）は止まらず、投薬の副作用（パフォーマンス低下）も起こり、精神的ダメージ（職員の自信喪失）も小さくない。抵抗力が弱ったためか、外科手術（制度改正）への無抵抗の同意も見えた。他方、患者（公務員）の目には医師（政治家・識者）への不信と不安も見え隠れする。だが、世紀をまたぐ長いスパンで見れば、回想の中で語りうる一転換期といえなくもない。少なくとも、敗戦の悲惨をもってようやく体制変革が実現した七〇年前と比べるならば、現在はむしろ好条件の下で制度の再編が進行中なのである。

公務員制の性格と論点

「日本の」公務員制の性格については次章以降で論ずることとし、ここでは公務員制一般の性格と改革における留意点に言及しておきたい。

まず、公務員制は現代の政治行政システムにとって「基盤性」を有している。H・ラスキによれば、公務員制は議会・内閣とならんで「憲政」構造の一角を占め、「公務員が想像力をもって職務を遂行することが国家の将来を決定する」と指摘する。(22) 俗に「行政とは要するに人だ」といった言い方がなされるのも、公務員集団を欠いては行政活動が成立しないからである。農業が土地を、製造業が工場を基盤とするのに対し、行政活動は人材の質と量に大きく依存しており、物的要素はごく周辺的である。また行政活動が独占的なゴーイングコンサーンであることを考えれば、企業のように業績悪化を理由に解散して別組織を作るわけにもいかない。政府がいかに重い課題を抱え、災害が起ころうが、人が不足しようが、批判されようが、公務員集団は日々人々の安全を確保し、無数の公共サービスを提供し続けなければならない。ここに公務員制度改革のむずかしさがある。

辻が「基盤性」について適切に譬えたように、公務員制は政府という鉄道輸送における「軌道」である。乗客を運ぶ列車（政策）はその改善をより頻繁に行いうるのに対し、軌道の規格変更は在来線と新幹線の違いを考えればわかるように、世紀に一度の大事業であった。行政の場合、運行中の東海道線を維持しつつ、その脇に新幹線の敷設（新制度の構築）を行う贅沢は許されない。加えて列車の刷新が人目を引くのに対し、軌道の規格変更は地味で世論の喚起も容易ではない(23)。そのため、政権や政党がこのテーマに本気でとり組むことは多くなかった。

さて、公務員制度改革にはなお十分に議論されていない論点もあり、ここで留意すべきテーマとして公務員制と人事管理の関係、および制度と政策との関連に触れておきたい。

まず、「公務員制」と「人事管理」はよく混同される概念だが、公務員制が線路だとすれば、人事管理は日常の運用と保線に譬えられる。職階制のようにレールは敷かれたが、使用されずに夏草が繁って廃線となった制度もある。分限処分のうち、「勤務実績の不良」による免職規定もかなり錆ついている。反面、日常的な行政運営の中では抜擢・左遷・転勤のほか、上司から部下への叱咤・激励・肩叩きなど、一見地味なレール上に血沸き肉踊る人的資源管理の営みが展開されている。組織の幹部は職員の使命感を鼓舞し、競争心を刺激し、組織全体の士気を高めようとする。この人事担当者の技を度外視して、公務員制の質や適否を議論しても意味はない。他方、懲戒処分や官邸の人事介入のように伝家の宝刀として「制度」が物を言う場合もある。公務員制とは、膨大な人事管理上の試行錯誤の累積の上に、いわば蒸留物のごとく蓄えられた知恵の塊という側面をもつ。

「制度と政策との関連」に関しては、制度改革と政策転換の関係が論点となる。ここで「政策」とは、政府全体の基本方針から、個別分野における目的・戦略・技術・手段の体系を含む広い意味で用いたい。マクロには明治期の富国強兵と殖産興業、戦後の復興と経済発展があり、近年では少子高齢化対策や災害などへのリスク対応をあげることができる。公務員制度改革は、こうした政策上の変化と無関係に考えるべきではない。実際、一見変化していないような戦後の公務員制も、仔細に見れば安全対策に不断の改良が加えられたように、着実に進化している。いわば新しい高速列車の導入に合わせて地上施設の改良が重ねられ、基本設計は同じでも軌道全体の性能は向上しているようなものである。

政策のあり方が公務員制を規定するのと同時に、変化の遅い公務員制が翻って政策を方向づけることもある。例えば工学や林学など、特定の技術を習得した専門家集団が制度化していくことにより、その技術に依存する政策が固定化し、それが社会経済的に不都合になっても政策の転換が困難となる。(24)「原子力ムラ」と呼ばれる閉鎖的な政策システムも、技術の制度化と関係している。この「制度化」とは、R・マートンが「制度の予期せざる結果」と呼んだ現象にほかならず、制度のアイデンティティにかかわる臨界的な変革には大きなコストが伴うであろう。

そのため、連続的なカイゼンでは限界がくるような政策転換を政府が迫られてはじめて、現行制度の規格変更(メタ・ポリシー)は争点化する。一九九〇年代以降の公務員制度改革はそうした文脈で行われてきた。では、日本が迫られている政策転換とはどのようなものだろうか。筆者が注目する転換には、「リスク社会」を見据えた安全政策、少子高齢化対策、および「グローバル化」への対応が含まれる。しかし、そのために公務員制度の抜本的改革が不可避かと問われれば、在来線の車両の目覚ましい進化を見るにつけ、これまでの制度改革を基礎に、日常的な政策対応と運用改善を組み合わせることで可能なことも多いと思われる。

戦後改革期と異なるのは、公務員自身が制度の運用と改善の半ば自律的な主体となっていることであろう。勤務条件や身分保障の変更は職員の生活と権利にかかわるため、その影響を無視して改革を進めるのは危険である。この問題の扱いは「改革のゆくえ」ともかかわるが、改革過程において公務員集団の関与をどこまで認め、その合意をどの程度重視すべきか、政治主導との調整をめぐって重要な論点となる。改革テーマにもよるので、これについて明確な手続を示すことはできないが、Ⅱ章以下で提示する「対話型職員」という理念への合意さえできれば、改革の手順は自ずから見えてくるだろう。

本書の構成

以下、本書の構成を示しておく。公務員と公務員制について概説するⅠ章を除き、Ⅱ章以下は概ね公務員制の歴史的展開に即して議論を進める。

Ⅰ章「公務員の範囲と分類」では、公務員の概念とその多義性、異なる視点による違いを示した上で、一般的な分類基準と争点化による動的な分類を整理する。その上で、日本の公務員制の性格に関する従来の議論をふり返りつつ、職員数の問題、比較の中での閉鎖性と相互性、および制度全体を覆う両義性と曖昧さを考えたい。

Ⅱ章「歴史の中の公務員制」では、日本の公務員制を近現代日本史の中に位置づけ、戦前の官吏制度と戦後改革、次いで高度経済成長下の公務員制、さらに制度改革期の公務員制を跡づける。その際、抑圧的政府→（萌芽的）民主的政府→自律的政府→応答的政府という発達モデルの中で、天皇の官吏、国家官僚、対話型職員という公務員像の変化を説明し、制度の変化を長期的な発展図式として示す。

Ⅲ章「分権型人事と公務員制の自律化」では、制度の自律性について考察した上で、公務員制の自律化が何を意味するのか、人事院の設立・孤立・定着とどう関係していたのかを考える。S-1試験、給与勧告、職階制、各省の人事、官僚の回想などの素材から、工学的・設計的というよりも有機的・発生的に公務員制が形をなし、自律化する経緯をふり返る。自律化を「依存先の多元化」として理解すれば、人事院の政府内での定着は公務員制の分権的性格と関係し、政治による制度改革の必要と困難も明らかとなる。

Ⅳ章「公務員制度改革の争点化と政治」では、分権的に形成され、自律性を高めた公務員制が、一九九〇年代以降争点化し、政治による改革の対象（あるいは標的）とされていく経緯をとり上げる。人勧凍結も官僚バッシングも、政府全体が「応答的システム」に移行するために必要な道程だったととらえられる。接待汚職などの不祥事が露呈し、公務員倫理法制定に至った経緯、政治主導への期待と不安も、応答的政府の条件である透明化への必然的流れといえる。しかし公務員制度改革の着地点が決まらず、迷走のあげく内閣人事局の設置という一見穏健な措置で決着した。その背景には、公務員制が工学的な設計変更を拒み、時間をかけて連続的な改善を受け入れるという変わらぬ秩序が横たわっていた。

終章「霞が関文化とそのゆくえ」では、公務員制全体を覆う「霞が関文化」について「文化理論」の視点からその性格変容を考察する。相互性が支配的な官庁秩序の上に、ヒエラルヒー、個人主義、運命論のパタンがどう浸透してきたのかを検証し、天下り、能力主義、幹部人事への政治的関与という「課題」と対応について再解釈を試みる。その上で、公務員制度改革に対する筆者の考え方を示し、「全体の奉仕者」のゆくえを展望したい。

I章　公務員の範囲と分類——日本の公務員制の性格

本章では、現行制度下での「公務員」の意義、範囲、分類を追いつつ、戦後日本の公務員制の性格を検討したい。

公務員の概念について、ここまで「政府職員」という以上の立ち入った説明をせずにきた。だが、政府の活動が次々と外部化・民営化され、公務員数の削減が進み、官と民の境界がボーダレス化してくると、公務員とはもはや自明な事柄ではない。その本質は一体何なのか。二〇〇四年の国立大学の法人化により、一一万人以上の教職員が国家公務員の身分を失ったが、仕事内容が一変したわけではない。〇七年には郵政公社が四会社に移行したことで、約二六万人の公務員が一夜にして民間企業の職員となった。統計上一般職の国家公務員は六一万から三六万人（四一％減）となり、一七年現在二八万五〇〇〇人にまで減少している。序章では公務員を政府職員ととらえ、注釈として、考察の主な対象とするのは常勤かつ非公選の一般職職員であると記した。だが、〇三年に郵政事業庁が公社に移行した段階で、公務員の身分を保持していた公社職員はすでに政府職員の枠の一歩外に出ていた。独立行政法人の職員も、行政執行法人では公務員、それ以外は非公務員であり、境界線はかなり滲んでいる。「ガバメントからガバナンスへ」（政府から協治へ）と呼ばれる各国共通の変化も、こうした傾向と表裏一体をなしている。(1)

行政学では、このボーダレス化現象を指摘することはあっても、「公務員」概念を意識して定義することは少ない。むしろ、行政法の文献や実務家の方がより自覚的な解説を試みている。(2)それは制度立案者や実務担当者にとって、公務員と民間人を明確に区別し、境界を確認しておくことが仕事の基本になるからであろう。立場にもよるが、公務員の任用、給与、処分、災害補償など、広い意味での「公務員行政」(3)を担当する立場から見ると、公務員の範囲の特定は自らの業務の限界を確認する作業と重なる。また、公務員の不法行為による国家賠償など例外事例にかかわる裁判規範としても、異なる角度から「公務員」概念を確定しておくことは不可欠である。

行政学は「官僚制」に関して多くの議論を重ねてきた半面、「公務員」概念への関心は高いとはいえず、これは政策形成や制度改革への関心の傾斜と関係すると考えられる。すなわち、行政活動のコアに位置する幹部やキャリア官僚に焦点が当てられ、その周辺部に多数存在する「限界事例」(4)にはあまり光が当てられてこなかった。だが、公務員の労働基本権回復が議論される中で、霞が関の中核集団に劣らず周辺の境界確定も政治的な意味をもち始めた。行政学としてこの概念問題にも目を向けることで、日本の公務員制に対するより立体的な理解につながるであろう。

1　公務員とは何か——その意義と範囲

「公務員」という用語は、一九四七年の日本国憲法施行で広く使われるようになるが、それより四〇年前の一九〇七(明治四〇)年に制定された刑法典が、「官吏、公吏、法令ニ依リ公務ニ従事スル議員、委員、其他ノ職員」を総称して「公務員」の語を用いていた[5]。公務員の概念に公選・非公選の区別をせず、両者を包括的にとらえれば「公正さ」(フェアネス)という普遍的な価値が前面に出る。序章で論じた「行政に対する三次元の期待」に照らすならば、法制史上「公正さ」あるいは「不正をしないこと」が公務員全体への基本的な期待であったことが確認できよう。非公選の職員に注目すれば、中立性や能率性も主な期待となるが、新憲法の「公務員」は政治家を含む包括的な概念となった。そして「天皇の官吏」から「全体の奉仕者へ」という理念上のコペルニクス的転回が現実の改革運動にスイッチを入れ、「明日の公務員制」に向けて徐々に作用し始めたと考えられる。そこでまず憲法、刑法、財政民主主義の視点から公務員の意義と範囲を整理しておきたい。

「国民の公務員」と「全体の奉仕者」

日本国憲法は、「公務員を選定し、及びこれを罷免することは、国民固有の権利である。すべて公務員は、全体の奉仕者であって、一部の奉仕者ではない」(一五条)と規定する。鵜飼信成は、ここには二つの憲法原理が示されており、一つは国民主権、つまり「公務員に対する民主的統制の原理」であり、二つ目は「国民全体への奉仕者」という公務員の性格であると指摘する。またこの条文の英訳文が、“their public officials”（彼ら、つまり国民の公務員）となっている点、および“servants of the whole community”（社会の人々全部への奉仕者）となっている点に注目する。[6] すなわち戦後の公務員は、究極の帰属において「天皇の官吏」でなくなっただけでなく、任命権者である大臣のものでも、官庁のものでもなく、国民のものであり、奉仕と忠誠の対象に関しても、天皇でも大臣でも役所でもなく、国民全体であることを示している。明治以来、割拠性の弊害を抱えてきた日本官僚制にとって、「全体性」（wholeness）の理念は今なお挑戦だといってよい。[7]

憲法制定過程をみると、マッカーサー草案の段階でこの英文は用いられており、その起源はワイマール憲法の「官吏は全体の奉仕者であって一政党の奉仕者ではない」との規定を参照したとされる。[8] ただし、ドイツ語の「官吏」（Beamte）は政治家を含まない概念であり、日本国憲法の規定はより包括的といえ、また国公法制定過程ではB・フーバーの草案に「全体の奉仕者」の語は明示されていなかった。国公法でこの言葉が登場するのは、懲戒や服務規程の中である。むしろ比較的最近になって国家公務員倫理法、国家公務員制度改革基本法などが目的や基本理念の中で「国民全体の奉仕者」という文言を用いており、新しい時代とその課題という文脈で、新しい含意をもって使われているように見える。

憲法の規定に関連して問題になるのは公務員の範囲である。国民の選定・罷免権を記しているという点では、国会議員・閣僚・自治体の首長・地方議員などの公選職、あるいは解職請求や弾劾の対象となる職が想定される。だが、その統制下にある多数の非公選の職員も間接的に国民の民主的統制に服するという意味で、当然ここに含まれる。ただし、「全体の奉仕者」という規定から公務員の政治的中立性の原理がいかに導かれるかについては、公選職を除いて考えるべきであろう。議会政治が政党間の対立を前提とする以上、多数派をなす内閣の構成員に政治的中立性は要請されない。他方、非公選職については、特定政党にのみ奉仕することは中立性の原理に反するが、かといって「全体の奉仕者」の名の下に与党の方針に従わないことは、かつての「官僚政治」へ途を開きかねない(9)。鵜飼が指摘する二つの原理、つまり民主的統制の原理と中立的な全体の奉仕者という理念に関しては、両者の本質的緊張を前提にバランスをとることが必要といえる。

ところで、憲法には「官吏」の語も残っていた（七条、七三条）。これは第一五条が、「公務員」を広く国民の信託による民主的政府の構成員全体としたこととの関係で、より狭く非公選の行政官を指す言葉として用いられたと考えられる。時期的にも、憲法公布時に国家公務員法は制定されておらず、「公務員」の語が十分浸透していなかったという事情もある(10)。「官吏」という言葉には戦前のイメージも残るが、憲法七三条は、内閣の職務として、「法律の定める基準に従ひ、官吏に関する事務を掌理すること」をあげており（官吏の英訳は“civil service”）、勅令による官制大権とすることを廃し、国会による基準の定立と、内閣による人事行政の掌握を規定した。とはいえ、ここに記された官吏に対する民主的統制が本格的に議論されるのは、一九九〇年代以降のことになる。

「勤労者」としての公務員

次に、憲法二八条は、「勤労者の団結する権利及び団体交渉その他の団体行動をする権利は、これを保障する」と定め、労働基本権について公務員か否かの区別をつけていない。憲法は「公務員の勤労者性」を積極的に記しているわけではないが、「すべて国民は、個人として尊重される」(一三条)という精神からいっても、公務員が「全体の奉仕者」であるという理由だけで、勤労者としての権利を否定されることにはならない。近年の「働き方改革」では霞が関の長時間労働も対象の一つとされ、また急速に増加している非正規の公務員にも、「同一労働同一賃金」の原則が適用されて然るべきであろう(11)。

戦前、国家と官吏とは「特別権力関係」、つまり支配―服従の関係にあるという観念が成り立っていた。一般に認められるべき人権も、官吏に関しては国家目的遂行との関係で当然に制限を受けることを前提に、官吏の特権性の裏返しとして諸権利の封建制的な制限がみられた。新憲法下ではこうした見方は概ね否定されている。他方、公務員の勤務条件は国公法等で法定され、戦前より民間にはない「任用」の概念が使われているため、民間と同様の労働契約関係にあるとは言いきれない(12)。公法学の議論を要約すれば、公務員の勤務関係は特別の法律関係ではあるが、戦前のような特別権力関係ではなく、実質的に、その労働者性と公益性という価値原理のバランス上に成り立つ立法政策上の問題として理解されている(13)。

ところが、一九四七年一〇月に制定された国家公務員法の立案・審議・改正過程において、公務員の労働基本権問題が政治的争点として加熱した。とくに憲法施行前で国公法の立案中だった四七年一月三一日、民主化と解放気運にのって準備された二・一ゼネストがマッカーサーの命令で急遽中止となり、これが公務員のスト権禁止への布石となる。だが、国公法制定後も七〇年代まで紛争は絶えず、労働基本権問題は公務員制度改革の展開軸の一つに位置していた。この現実および学説上の論争に一つの区切りをつけたのが、「全農林警職法事件」に対する一九七三年の最高裁判決である。その主旨は、身分保障と人事院の給与勧告という代償措置を考慮すれば、国民全体の共同利益という観点から争議権を含む公務員の労働基本権を制限することは違憲とはいえない、というものであった。[14] そして二〇〇〇年以降、内閣レベルで公務員の労働基本権付与の是非が職員数の削減とも関連をもちながら検討されるようになった。

七三年の最高裁判決以後、比較的最近までこの問題は制度的・政治的に安定していた。だが、勤労者のうち政府に勤務する公務員だけが「全体の奉仕者」として、有利・不利を含め特別の扱いを受けるべきことを論証するのは容易でない。私企業である電力・ガス会社、私鉄や銀行などの公共性は明らかであり、これらの職員にも公務員に準ずる公共への奉仕性は求められる。例えば、かつての国有林野の現場職員ストによる損失と、電力ストによる社会的混乱を比べて考えれば、官か民かという抽象基準のみで基本権問題が判断できないことは明らかであろう。[15] 公務の「権力性」よりも、具体的な「サービス性」（非権力的な公共財の提供という性格）に注目する近年の行政観、各国で進行する公共サービスにおける官民の競争と協働という流れの中で、両者の境界はいよいよ曖昧となり、公務員の一般勤労者性を原理的に否定するロジックは論拠を弱めつつある。

「市民」としての公務員

以上に加え、憲法の基本に立ち戻ると、公務員も国民であり、「市民」である。「市民」の語は憲法の条文にこそ出てこないが、松下圭一は憲法を「市民自治の基本法」ととらえ、市民の信託に基づく政府の職員は、都市型社会への移行とともに「特権型」から「市民型」にならざるをえないという。そして「行政の専門家」という見方に対しては、「個々の行政職員と個々の市民の関係は、すでにオカミ対庶民という身分上下ではありえない。相互に『市民』ついで『勤労者』として、まず、平等である。それに、『職務』についても、市民、行政職員それぞれに職務の専門家だから、ここでは、対等である」と述べる(16)。

「公務員＝市民」の公式は松下の「分節政治」モデル、すなわち自治体・国・国際機構という政府の三層構造論からも導かれる(17)。中央省庁に勤務する職員を例にとれば、国レベルでは行政の特定分野の担い手だが、他の分野では行政活動の客体となろう。また、彼らの住む地域では自治体からのサービスの受け手であり、地域の政治行政に関与する「市民」にほかならない。さらにグローバル化の中では、通信・航空から大気汚染にいたるまで国際公共政策の影響を受け、およそ無縁ではいられない。

松下は、「この市民、勤労者、職業人という個人の三面性は、すべての市民がかかえる三面性である。ただ、『職業』が、農業、商業、職人、会社員、教師、自由業、あるいは公務員などにかかわるだけである。この市民、勤労者、職業人という三面性は、相互に矛盾して、解決はできない[18]」と述べる。したがって、公共事業を担当する公務員が「職業人」としての責任と、事業の影響を受ける一「市民」としての立場と、長期間労働に苦しむ「勤労者」としての権利意識の狭間にあって〝矛盾の塊〟となって悩むとしても、それは一般市民と別次元の、特別の悩みではない。「公務員＝市民」の公式は、一見常識的な事実のように見えるが、行政の行為主体である公務員をその客体たる市民と同一視するという意味で、戦後改革がもたらした憲政史上の画期というべきである。

ところで「市民」とは一体何か、一冊の本を要する大テーマだが、ごく簡潔に「市民社会における自治の担い手であり、自由・平等・共生の価値を受け入れ、教養と余暇と市民性を身につけた一つの人間類型」としておきたい[19]。これは政治社会学的な説明であり、直ちに法的な意味をもつものではない。だが、その意味内容を追究していけば、戦前から近年まで日本の官僚に欠けていた「市民性」(civility) と「対市民規律」(辻のいう「対民衆官紀[20]」) の制度的背景に行き着く。官僚制の絶対制的な性格は、天皇および所属組織への忠誠と内部規律の厳しさの反面、国民に対する公務員個人の規律と結果責任の弱さに示されてきた。後者の基本となる、市民への「説明責任」(accountability) という言葉さえ、一九八〇年代以前は一般に使われていなかったのである。

公務員が市民との同質性の自覚をもち、市民に対して説明責任を果たすという課題は、個人の心構えの問題を超え、情報公開の徹底という制度的なとり組みを要求する。仮に首相が望まない文書の開示や情報公開とても、開示の責任を果たすことが公務員への立憲上の要請というべきである。「公務員=市民」の公式の実現、換言すれば「公務員の市民化」という課題は戦後改革によって初めて浮上し、八〇年代以降ようやく具体的な争点となった。

刑法と「みなし公務員」

次に、公務員の語を最初に用いた刑法の視点に立てば、団藤重光のいう「公務員概念の拡散の傾向」(21)が観察される。刑法第七条は、「この法律において『公務員』とは、国又は地方公共団体の職員その他法令により公務に従事する議員、委員その他の職員をいう」と規定し、公務員とは主に「汚職の罪」に関し収賄罪・職権濫用罪の対象とされる。刑法上の公務員に特別職・一般職の区別はなく、また国公法では特別職公務員から除外されている国会議員も含まれる(地方議員は特別職地方公務員である)。

これら公務員の範囲に入らないが、職務内容が公務に準ずる公共性を有する団体の職員にも刑法の収賄罪は適用される。この範疇の職員は「みなし公務員」(あるいは準公務員)と呼ばれ、非公務員型の独立行政法人職員、特殊法人職員、認可法人等の職員があり、具体的には日本銀行、NHK、民営化後のNTTや日本たばこ(JT)などの職員が含まれる。郵政職員は民営化により公務員の身分を失ったが、親書郵便を扱う「郵便認証司」はみなし公務員として刑法の適用を受ける。ただし、公務員法が規定する争議行為の禁止などの規制は課せられない。

業務内容の公共性・公益性の判断は容易でなく、福祉・医療・教育・検査・技能検定などの分野には官民の両者が混在している。例えば、民間の自動車学校の検定員は道路交通法で公務員とみなされる一方、私立学校の教員は公務員とはみなされず、刑法の収賄罪を適用するかどうかはケースごとに立法判断に委ねられている。収賄罪以外では、職権濫用罪や公務執行妨害罪の適用をめぐって公務員の範囲が問われるが、それぞれ強要罪、業務妨害罪の適用で代替しうることもある。いずれにしても、公務員という「身分犯的な性格の希薄化[22]」が指摘される所以である。

みなし公務員の実態は戦前からあり、公務員の範囲をめぐる官と民の相対性は今に始まったことではない。戦前との違いは、社会経済の高度化に伴い、公共性を帯びるサービスや規制が増えたという「量」の拡大であろう。しかし、刑法の収賄規定が実現しようとする公務の公正さ（フェアネス）への感覚と期待は、民営化・外部化の進展と裏腹に決して弱まってはいない。むしろ一九七〇年代以降、ロッキード疑獄、リクルート事件、官僚の不祥事、天下り問題、政財官の癒着、無駄を生む特殊法人などへの批判の流れの中で、公選職か否かを問わず、公務全体への不信感が政治・行政改革の起因になっている事実に気づく。「公務員」の語を戦前の刑法がすでに使っていたように、国民から見た最も素朴な公務員観とは、「不正をしてはならない公僕」のイメージであり、その限りでは公選・非公選を包含する憲法一五条の精神と重なりあう。

なお、一九五八年に規定された「あっせん収賄罪」は、当人の職務権限に基づくことを要件としない点で刑法の一般的な収賄概念の周縁に位置づけられるが[23]、日本特有の政官の緊密な協働関係を背景とした「口きき」を処罰しようとするものである。だが立証の困難を受け、職員に不正な行為をさせていなくても立件しうる「あっせん利得処罰法」が二〇〇一年に新設された。これら刑法の公務員に関する規定は、個人および集団で不正を起こしうる政府職員の範囲を、同法が歴史的にいかに設定してきたかを物語っている。

「コスト」としての公務員

もう一点、改革課題の一つである「総人件費の削減」に関連して、「行政コスト」としての公務員にも触れておきたい。公務員は最も重要な行政手段であり、政府および国民にとっての「人的資源」であり、「人財」とも「固定資本」とも呼ばれることがある。だが、年間五・二兆円を超える国家公務員の人件費が国民の税金によって負担される以上、財政難との関係で公務員自体がコストとして意識されがちとなる。[24] さらに経済不況や災害に際して、公務員の給与水準が感情的な怨嗟の対象となり、こうした世論の動向は政治の判断をも左右する。小泉内閣の下で成立した二〇〇六年の行革促進法は、五年間で国家公務員数の五％以上の純減を掲げたが、職員数の削減によってどこまで行政の総コストが低下するかは限定的であろう。[25]

イギリスでは、一九三一年の公務員に関するトムリン（Tomlin）委員会の定義以来、公務員の概念について次のような理解が定着している。すなわち、公務員（civil service）とは、「政治家および裁判官以外の国王のサーバントであり、文民として雇用され、その給与が議会の議決に基づいて国庫から全額、直接支払われる者[26]」とされる。後段の給与に関しては、議会による予算（人件費）統制という財政民主主義の考え方が示されている。同時に、「全額かつ直接」ではないが、公費により給与の一部が間接的に支払われる非公務員集団の存在も暗示している。

B・G・ピーターズは、公共セクターの拡大という文脈において、補助金などの給付（entitlement）プログラムの増大が現代の特徴だと指摘する。[27] こうした公的な給付は、最終的に非公務員の人件費に使われることが少なくない。日本では、二〇〇一年の中央省庁等改革により多数の研究機関等が独立行政法人となり、職員の多くは公務員の身分を失ったが、その人件費はしばしば運営交付金、補助金、委託費という名目で国庫から支払われる。国から地方への補助金・負担金も、義務教育費のように地方では人件費となる費目が少なくない。国家予算に占める公務員人件費の割合が減ったように見えても、実態の変化は必ずしも大きくない。他方、私立大学への私学助成金は教職員給与の一部に当てられるが、当事者にも国民にも準公務員的な認識は薄い。

財政民主主義や「小さな政府」の文脈で職員数・総人件費の削減がとり上げられる時、公務員がコストとして把握されることは避けがたい。国民の血税によって生活する身分の安定した職業集団が、批判と怨嗟のこもった「公務員」なのである。経験的に見て、公務員数削減により行革推進法のいう「簡素で効率的な政府」が直ちに実現しないことは明らかである。同時に、生産性が低い第一次産業の諸団体（農協）など、公費に依存して生活している職員にも目を向ける必要もあろう。なお、郵政民営化による公務員数の大幅削減についていえば、もともと郵便局職員の給与に税は使われておらず、その面での影響はなかったに等しい。

にもかかわらず、序章でとり上げた東日本大震災後の給与改定特例法が示すように、「公務員数と総人権費の削減」が政治的シンボルとして改革に対してもつ意味は小さくない。公務員制のゆくえを最終的に決定するものが党派性をもつ「政治」である以上、こうした一見不合理な改革路線の正当性と問題性にも注意する必要がある。

2 公務員の分類

公務員の分類基準は数多い。それは、以上見てきた公務員の範囲が視点の違いにより伸縮するのと同様である。いくつか代表的な分類はあるが、どの主体がどのような目的でその分類を用いるかという視点と無関係に議論しても意味はない。生物学者の池田清彦が、男女のような「自然」言語による分類も含め、あらゆる分類は「人為的」であり「思想」であると言い切るように[28]、以下の分類も公務員制を支える背後の「行政思想」をあぶり出している。一見静的で客観的にみえる分類基準も、社会の変化、政治による争点化、当事者の利害関心のシフトにより、ダイナミックに変動する。それは改革の理念の表象であり、行政思想の変化を映す鏡なのである。

国家公務員と地方公務員

法制度上、公務員の基本的な区分に国家公務員と地方公務員がある。［図Ⅰ-1］のように、数では全公務員の八割以上が地方公務員であり、具体的な公務員イメージは自治体職員のそれに近いともい

図Ⅰ-1　公務員の種類と数

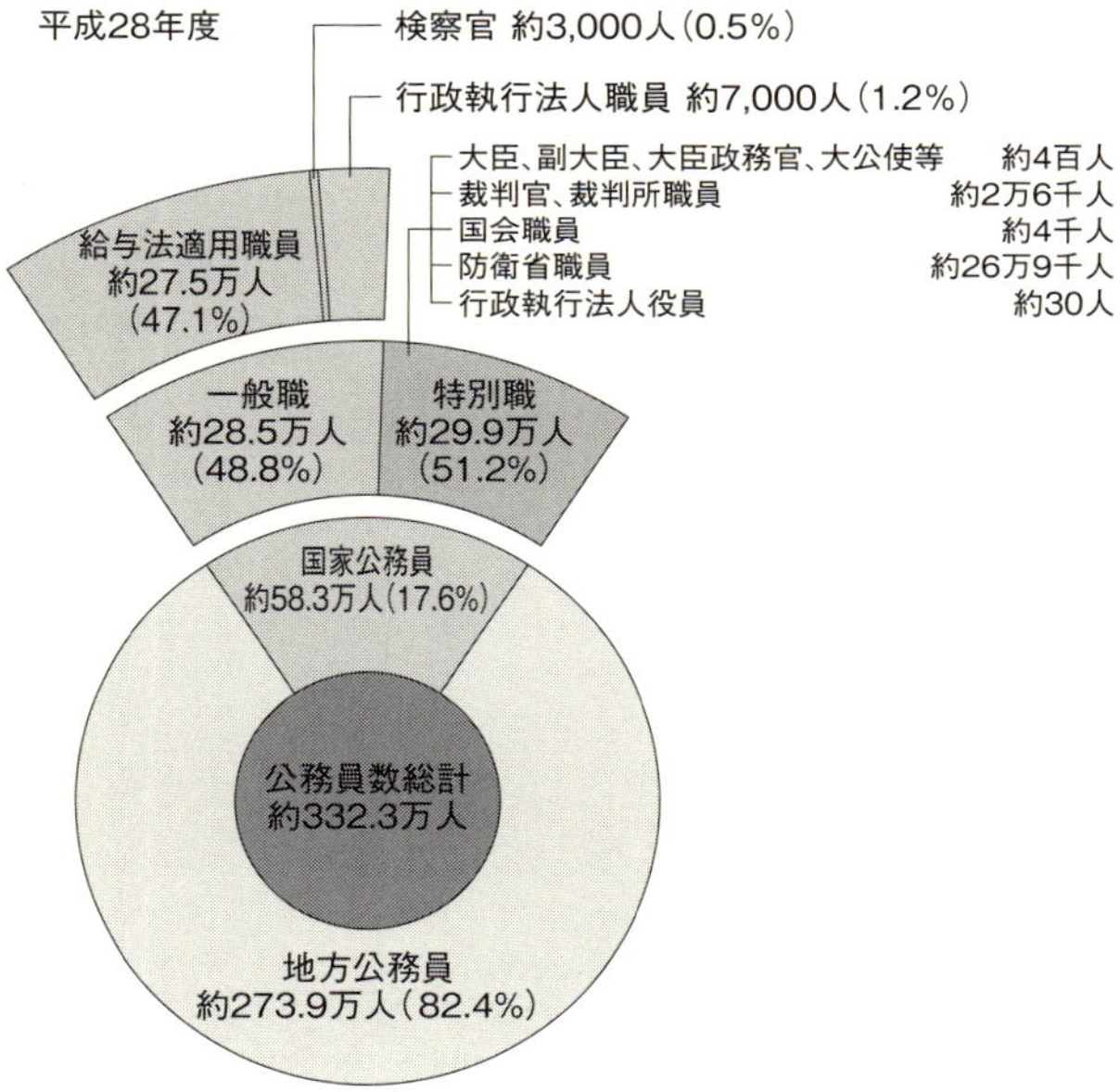

注）1　国家公務員の数は，以下を除き，平成 29 年度末予算定員である．
2　行政執行法人の役員数は，平成 28 年 10 月 1 日現在の常勤役員数であり，職員数は，平成 29 年 1 月 1 日現在の常勤職員数である．
3　地方公務員の数は「平成 28 年地方公共団体定員管理調査」による一般職に属する地方公務員数である（総務省資料）．
4　数値は端数処理の関係で合致しない場合がある．
出典）人事院『平成 28 年度　年次報告書』．

える。だが、両者の関係をたどることで、戦後民主制の下で公務員制と自治制が相補的に官治集権体制に挑んできた経緯も確認できる。

戦後、地方自治体は国とは別個の自律的な「政府」となり、双方の職員の法的根拠も別々に設定されることになった。一九四七年五月、地方自治法が新憲法と同日施行されるが、地方公務員法（地公法）の制度設計は、単純労務職、企業職員、教職員の扱い、労働基準法の適用範囲について関係省庁間の調整に時間を要し、国公法の制定から三年遅れの一九五〇年にようやく制定されている[29]。旧内務省・地方自治庁で地方公務員法の立案を担当した鈴木俊一によると、国家公務員法制定のために来日したB・フーバーは当初、地方公務員制度は自分の所管ではなく、マッカーサーから依頼されていないとして関与しなかったという[30]。それに対し、鈴木と職員課長の藤井貞夫（後の人事院総裁）、補佐の角田禮次郎（後の内閣法制局長官）ら日本側は、国の職員と府県幹部の伝統的な連続性と、他方、府県の完全自治体化による市町村との接近を念頭に、国公法を基礎として地方公務員法を立案している[31]。

地公法を制度形式からみると、章構成（総則・人事機関・基準・罰則）、総則第一条に記された「行政（公務）の民主的かつ能率的な運営を……保障する」という国公法と同様の目的記述、内容としての任用、職階制、給与、能率、分限・懲戒、服務、研修、福祉という項目において、国公法の基本枠を踏襲している。地公法は制定後も職員数の増加と臨時職員問題、定年制、組合問題など地方特有の諸課題に直面するが、総じて国に準じて制度の整備が行われていった。他方、国と地方の職員の境界上にはいくつか特殊な制度が存在する。一つは「地方事務官」制度であり、いま一つは「出向」人事である。

地方事務官とは、戦後の都道府県の完全自治体化に伴う暫定的・移行的・例外的な措置として、身分は国家公務員で主務大臣が任命権をもつが、指揮監督は知事が行う職員を指していた。具体的には、厚生省の社会保険事務、労働省の職業安定事務などを担当する地方勤務の職員であり、採用は国家公務員採用Ⅱ種試験の合格者から都道府県単位で国が採用し、人事は自治体職員と関係をもたず、いわば自己完結していた。組合としては自治労に加入し、国からの給与に加え報償費の名目で自治体から謝礼が上乗せされていたといわれる。この制度は、地方分権推進委員会の勧告により二〇〇〇年に廃止されるまで、機関委任事務を通じた国と地方の上下・主従の関係を補強する特例的な制度として半世紀にわたり存続してきた[32]。このことは日本の集権・融合型の中央—地方関係の根強さを示す一方、廃止後に発覚したずさんな年金事務処理の一因として、その身分性、特権性、監督の弱さ、説明責任の欠如といった公務員制の影の部分を集約的に露呈した。

もう一点、国と地方の職員のインターフェイスとして「出向」人事にも言及しておきたい。国と自治体を「分離」してとらえる英米的な政府観から見ると、日本ではかつて知事が官選の内務官僚であり、県幹部の多くも中央派遣だったように、国—地方の関係は集権的であると同時に「融合」的であった[33]。この関係は戦後も残存し、人事管理上も「出向」の形で国と地方の職員の上下および融合的な関係が続いてきた。国のキャリア組は若くして地方の課長級以上の幹部に登用され、逆に地方の幹部候補は低いポストで中央官庁に出向し修行を積むという構図が見られる。こうした人事交流は、情報・知識・権限・予算・組織文化の流れを伴って国と地方、各官庁と都道府県の関係部署を結びつける一方、自治の理念、分離・分権の規範、対等の関係を阻害する一因でもあった。稲継裕昭によれば、二〇〇〇年で五七〇人の職員が中央官庁から都道府県・政令指定市に出向していたが、その数は減少しており、受け入れる自治体側の主体性の高まりと、人事における「支配客体」から「したたかに行

動する自治体」への移行も見られるという。(34)

採用試験の難易度が、市町村、都道府県・政令指定都市、国の順に上位の政府ほど難しくなるのは日本に限ったことではない。だが、業務の機能的な差異を超え、国家公務員が身分的な意味で、職位においても心理的にも地方公務員より上位に置かれてきた慣行は、公務員制および自治制の成長速度の遅さを物語る。これと関連して、自治・分権の推進者が法律用語の「地方公共団体」ではなく「自治体」の語を多用し、「地方公務員」よりも「自治体職員」と呼んでいることも注目に値する。彼らが意識して「自治体職員」の語を使うのは、「国家」に従属する「地方」の公務員というイメージを払拭し、民間を含め組織に勤務する人は誰も平等な「職員」であるというメッセージを発しているように思われる。

一般職と特別職

次に、国家および地方公務員法が共に区別している「一般職」と「特別職」の違いを考えたい。ここでは国公法を中心に見ていくが、「一般」と「特別」(特殊)という二分法は、一般職を「特別職に属する職以外の国家公務員の一切の職を包含する」(二条)としており、特別職の内容をみなければ区分の意義は明らかでない。そして特別職の内容をみていくと、国公法制定後に新たな職種が追加されていることがわかる。

一般職とは、国公法の定める任用、給与、能率、分限・懲戒、服務、退職などの「基準」が適用される職のことであり、抽象的にいえばメリット制（成績主義）と中立性の原則に貫かれるべき職、具体的には人事院の関与を受ける職員群ということになる。一般職には、事務系と技術系、幹部とそれ以外、責任の軽重の違いがあり、それとは別にいわゆるキャリア官僚、医師、看護師、守衛、運転手まで、種々様々な職種が含まれている。例えば政治的行為の制限やスト禁止について、機械的業務に従事する職員も影響力の大きい各省幹部と同じ扱いを受けており、人事院事務総長を務めた鹿児島重治は、国公法による「画一的かつ硬直的な身分取扱い」として批判的にとらえている[35]。これは、単純な事務や現業を担う「雇」および「傭人」から「官吏」を区別していた戦前の制度、あるいは「被用者」と「労務者」から「官吏」を区別する現行ドイツ公務員制度と鋭い対照をなし、戦後公務員制の平等主義的傾向を物語る。「平等化」は民主化の一つの柱である反面、画一化に傾くと合理的な区別や差異化を阻害しかねず、今後の改革課題の一つになりうる。

特別職は内閣総理大臣以下、二四項目にわたり職種が列挙される。日本ユネスコ国内委員会委員や学士院会員なども含まれるため、一見雑多な印象を与え、塩野は「人事院の人事行政に服せしめることになじまない、という程度のネガティブな整理しかできない[36]」と述べる。だが、そこには一定のカテゴリーと「思想」が見出せなくもない。

まず、表現は一定しないものの、「政務官」もしくは「自由任用」に相当する職があり、内閣総理大臣以下、国務大臣、副大臣（旧政務次官）、大臣政務官の政務三役があり、その大半は公選職をもって充てられる。内閣官房副長官（三名）はうち二名が政務、一名が事務担当であり、内閣総理大臣補佐官、内閣官房副長官補も公選職との兼任が認められる（国会法）。それ以外の、内閣法制局長官、内閣危機管理監、内閣広報官、内閣情報官、内閣総理大臣秘書官、国務大臣秘書官、特別職たる機関の長の秘書官のうち人事院規則で指定するものは非公選で、通常一般職職員が充てられる。ただし政務三役と異なり、政権と進退を共にするわけではないので、狭義の「政治任用」には当たらない[37]。これらの特別職のうち、内閣総理大臣補佐官、内閣官房副長官補、内閣危機管理監、広報官、情報官は内閣官房・首相官邸の機能強化策として一九九六年以降に設置されたものである。特別職の追加新設に政官関係の変化、とくに政治主導への傾斜をみることができよう。

次のカテゴリーとして、行政機関には属するが職務の性格上、人事院の人事管理の枠外に置かれる職がある。人事院の人事官、会計検査院の検査官、資格要件が特殊な宮内庁長官と一部の宮内庁職員（侍従長、東宮大夫など）、防衛省職員、および外交官（特命全権大使、特命全権公使、政府代表など）があげられる。これらの職には資格任用による職員集団を超えて、広く適任者が求められることも多い。例えば、人事官三人のうち一人はマスコミ出身から選ばれる慣行がある。数としては、防衛省の約二七万人が特別職の大部分を占める。外交官に関しては、国家公務員法の特例としての外務公務員法の規定によるが、外務公務員採用Ⅰ種試験は二〇〇〇年以降、人事院の国家公務員採用Ⅰ種試験に一本化された。他方、一般職に属する検察官の採用は司法試験によっており、その意味では特別職と一般職の境界も一部はボーダレス化している。

第三のカテゴリーは、行政以外の政府機関の職員であり、国会職員および国会議員秘書、裁判官および裁判所職員があげられる。その他、日本学士院会員、日本学術会議会員、行政執行法人の役員などは特別の事情によるものの範疇である。

以上のように、一般職と特別職の違いは単一の基準で把握できるものではない。だが区分の内容をみていくと、約二八万の国家公務員の人事管理を行うために、複数の「統制原理」が必要とされていることがわかる。すなわち、資格任用制と中立性の原理を軸とする一般職への人事院の関与があり、内閣による政治統制、国会による立法統制、裁判所による司法統制、会計検査院による財務会計上の統制、そのいずれにも属さない外交・防衛などのプロフェッショナルな観点からの特例（特別職）が並存している[38]。審議官級以上の幹部は俸給表で「指定職」に位置づけられ（約九〇〇人）、大臣に近い位置にあるが、あくまで一般職としての統制を受ける。国公法は冒頭「公務の民主的且つ能率的な運営」を掲げるが、「民主的」統制をいかに実現するかという関心が近年の特別職の追加に示されている。それは国公法制定以来の課題であり、政治任用拡大の動きも遡れば戦後改革を起点にしていたと考えられよう。

試験区分と事務官・技官

採用試験時の区分は「入口選別制[39]」と呼ばれるように、採用時の選別が公務員生活全般にわたって影響する基準となる。極論すれば、成績主義の徹底は入口のみで、それ以降は年功とキャリア後半での選別のみともいえる。ここではまず、横の関係にあたる専門別の区分からとり上げる。

国家公務員採用試験の大半は人事院が実施しており、二〇一二年度から試験区分が変更された。すなわち、Ⅰ種・Ⅱ種・Ⅲ種の区分が廃止され、総合職・一般職・専門職・経験者採用試験に再編された。それ以外では、外務省が外務省専門職員採用試験を独自に行っている。特別職のうち防衛省職員については同省による自衛官（制服組）と文官（背広組）の一部採用試験（専門職員）が、国会職員については衆参両院および国会図書館による採用試験が、裁判所職員については裁判所による採用試験がそれぞれ行われている。[40] 採用試験の違いは職員の所属組織を規定するが、事務系の職種に関しては業務内容が本質的に異なるとはいえず、防衛省を含めて他省庁との交流人事、省庁から国会の事務局・調査室に出向するケースも少なくない。しかし後者の、国会職員の重要ポストである委員会調査室長に関係官庁の官僚が就任する慣行は、特別職のもつ行政統制的な理念に反している。試験区分には、一部に厳格な線引きを行うことも必要であろう。

人事院による試験の種類では、総合職・一般職のほかに、大卒程度の専門職カテゴリーとして法務省専門職員（人間科学）、国税専門官、航空管制官など七区分があり、高卒程度の専門職カテゴリーとして入国警備官、刑務官、海上保安大学校学生など九区分がある。これらも生涯にわたり所属組織と業務内容を規定する試験区分であり、その組織と固有の仕事はその職員にとっての生活世界でもある。この中で、例えば海上保安庁職員は人事院総裁賞の個人および職域部門にしばしば選ばれ、人事院の表現を借りれば、「国民全体の奉仕者としての強い自覚の下に職務に精励し、公務の信頼を高めることに寄与した職員（個人）又は職域グループ」として顕彰されている。国家公務員といえば、世間やマスコミの目は霞が関のキャリア官僚に向けられがちだが、人事院は周辺的な職種をとり上げることで、公務の多様性と縁の下での社会貢献を強調しているように思われる。

二〇一二年度から始まった国家公務員採用総合職試験は、それまでの「行政」「法律」「経済」の事務系三区分を改め、大卒程度が「政治・国際」「法律」「経済」および新設の「教養」に、院卒が「行政」および新設の「法務」(新司法試験合格者)に再編された。そのほかは、人文系の「人間科学」、理系の「工学」「数理科学・物理・地球科学」「化学・生物・薬学」「農業科学・水産」「農業農村工学」「森林・自然環境」という試験区分となり、いずれも大卒程度と院卒者試験の両方が置かれた。試験区分としては、かつての二五区分が二〇〇〇年に一三区分に再編され、さらに大卒程度で一〇区分、院卒者で八区分に大括りにされた。区分の再編は技術的な性格が強いといえるが、「政治・国際」や「教養」区分の新設は、明治以来の法律重視の伝統を修正し、官僚の教育的背景を多様化する試みとみられる。

また、検査・捜査をはじめ、政策開発において行政活動の専門化・高度化は不可避であり、公務員にはあらゆる分野で高度の専門知識が求められるようになった。一五年度の総合職採用者のうち院卒者が占める割合は、法文系では三割弱だが、理工・農学系では五割近かった。特許庁ではほぼ全員が理工系で半数以上が院卒、農林水産省では七割以上が農学・工学系(技官)で院卒は三割強であった。(41)このほか、医療・環境など個別領域を掘り下げれば、公務員の中の専門家集団が担う役割の大きさは明らかであろう。

官職名としてみれば、「事務官」と「技官」（戦前は「技師」）という伝統的な二分法が存在する（それ以外では「教官」がある）。この区分は身分や処遇面の差異とも重なり、事務系の「行政」「法律」「経済」の試験区分で採用された職員は「事務官」とされ、彼らを中心に各省幹部が養成されていくのに対し、それ以外の技術系区分により採用された職員は「技官」とされ、昇進には一定の範囲と限界が見られる。この官職の区分はⅠ種に限らず、Ⅱ種およびⅢ種採用の職員も、試験区分が行政・行政事務であれば着任時から「事務官」とされ、機械・土木・農学などの技術系であれば「技官」である。知識を文系・理系に分かつこの区分法は、事務官優位ないしジェネラリスト重視の戦前からの官庁秩序に対応し、純粋に機能的な区分とはなっていない点が問題とされている(42)。

ここで問題点を整理しておくならば、次の三点に要約しうる。まず、事務官・技官ごとにポストの固定化がみられ、その棲み分け秩序の中で技官は事務官より常に劣位に置かれてきた。新藤宗幸によれば、「法制官僚」を中心とする事務官集団は、大臣・局長の補佐スタッフである大臣官房・局総務課等で、予算・人事・組織・文書管理・法令審査・業績評価などの業務を経験しながら選別され、官房長・局長・事務次官といった最高幹部に就任していく。これに対して「技術官僚」グループは、特定の専門知識・技術の必要に応じてリクルートされ、その狭い部門の業務を経験しながら管理者に昇進していく。だが、官房系組織を中枢とする行政組織では概してマージナルな存在であり、官房長、官房の主要課長、局総務課長に抜擢されることはない(43)。

次に、この事務官と技官の「中枢―傍系」という棲み分けの一方で、「技官王国」と呼ばれる特定専門分野での技官集団による事業支配が見られる。例えば、国土交通省（旧建設省）では工学系技官が道路建設や河川改修などの公共事業を、農林水産省では農学・林学系技官が構造改善事業や国有林野事業を、厚生労働省では医学・薬学系の技官が保健・医療・薬事行政を、人事・予算・政策の面でそれぞれ半ば独占的に担当してきた。人事に関しても技術系ポストが固定化し、個々の技官集団内でのヒエラルヒーが形成され、そこでの事務官の関与はごく限られている。この技官人事の「自律性」は、道路・河川・農林土木・林野・薬事などの細分化された専門分野ごとにグループ分けされ、官庁内にいわばタコツボ状に成立しており、退職後の再就職（天下り）ポストや大学の研究ポストにまで及んでいる。

第三に、しかしこの技官人事の自律性は、本来の「プロフェッショナリズム」（専門職業制）とは似て非なるものである。プロフェッショナリズムとは、特定の専門領域における長期の訓練に基づき、体系化された知識と職業倫理を共有する自律的な専門家集団の、所属組織を超えたネットワークである。彼らの忠誠は所属する官庁や部門というよりも、専門知識とその職業倫理に向けられている。しかるに日本の技官集団の形成原理は、むしろ所属官庁を前提とし、組織内における事務官との対抗・棲み分け関係を基礎として、予算・ポスト・権限の配分を核にしたものといわざるを得ない。その「政策コミュニティ」は、都道府県の担当部局や業界団体には開かれていても、市民社会に対しては半ば閉ざされたままである。[44]

事務官・技官の問題は、日本官僚制の明治以来の病理である特権性・閉鎖性・割拠性を見渡せる公務員制の「小窓」といえる。「全体の奉仕者」という理念は、開放化という文脈でも現行の人事行政への厳しい問いかけとなっている。

キャリアとノンキャリア

「入口選別制」のもう一方として、学歴と試験の難易度によって上下区分されたⅠ種、Ⅱ種、Ⅲ種（現総合職・一般職、一九八四年までは上級甲種・乙種、中級、初級）の区分をとり上げたい。Ⅰ種試験による採用者は「キャリア（組）」と呼ばれ、Ⅱ種・Ⅲ種試験採用の「ノンキャリア（組）」とは官庁内で全く異なる扱いを受けてきた。行政・法律・経済の事務系キャリアは幹部候補生とみなされ、プラス・マイナスの評価を込め「特権官僚」とも呼ばれてきた。キャリア組は採用時から本省官房の人事課（秘書課）の所管とされ、二十代後半で係長となり、海外留学や税務署長・警察署長など出先の重要ポストを経験し、四十代半ばで本省課長に就任、その後徐々に淘汰されて五十歳前後で審議官・局長となり、同期でただ一人が事務次官に就く（他方、同期で誰も次官ポストに就かない期もある(45)）。これは、少数の選ばれた者だけが定年間際に本省課長級に就任し、大半は課長補佐クラス止まりのノンキャリアと比べると、昇進速度において文字どおり新幹線と各駅停車ほどの差があった。

採用時の試験区分の違いが、退職後の仕事を含め公務員人生が終わるまで超えられない格差として影響するという制度は、能力実証の努力を放棄した「身分制」の色合いが拭えない(46)。確かに、二十歳前後の優劣が定年まで持続するとの観察もありうるが、民間企業でも大学でも「学校の成績校門を出ず」の実感をもつ者は多く、人生後半での能力変化は小さくない。官僚のトップとされる内閣官房副長官（事務）を一九九五年から八年半にわたり務めた古川貞二郎は、九州大学法学部を卒業後いったん長崎県庁に就職したものの、一度落ちた国家公務員試験に再挑戦し、面接で再度不合格となりながら、厚生省人事課長に直接かけ合って入省を果たした「牛後型」官僚の典型である。当人は、「後に官房長や事務次官になり、採用側にまわってみて、私がやったことは殆ど無謀に近いものであることを知った。今日ふり返って幸運、強運としか言いようがない(47)」と回想しているが、無謀さと強運で際どく入省した職員が、同省および政府の事務方トップとして活躍した事実は、入口選別のもつ危うさを象徴している。

では、公務員志望者は採用試験の違いをどう理解してきたのだろうか。二〇〇九年に能力評価制が実施される前の、二〇〇七年度の人事院のパンフレットでは、人材育成の「階層別研修」で採用試験に基づく研修課程の区別がなされていた。Ⅰ種採用者には「幹部養成研修」として、係員級（合同初任研修）にはじまり係長級、課長補佐級、課長級（行政フォーラム）、審議官・局長級（アスペンメソッド）までの五段階が用意される一方、Ⅱ・Ⅲ種採用者への「地方機関職員研修」は、係員級、係長級、管理監督者、管区機関局部長級の四段階となっており、全く別のコースであることが前提とされていた(48)。入口選別に基づくこの区分は霞が関の慣行として確立し、受験生や社会の中でも常識化していたのである。

だが、川手摂が問題にするように、「現在の『キャリア』を優遇する体制は、まったくインフォーマルな制度に支えられたものにすぎない」[49]。すなわち、法的にもメリット・システムの原理からいっても、すべての職員の「任用」（採用とそれ以降の昇任・転任）は「能力の実証」に基づいて行う必要があるにもかかわらず、現実には科学的人事管理の基礎となる職階制は未実施のまま廃止され、実質的に能力主義を実現する制度は確立されなかった。かくて戦前の高等文官試験による身分制的な階層秩序は、インフォーマルな形で維持・温存されることとなった。その際、給与法体制の「昇格」概念がその本来の分を超えて、「昇任」という人事上の概念を吸収することにより、あたかもキャリア優遇体制の制度基盤が与えられたかのようにみえる[50]。しかし実際は、採用試験という入口選別によるキャリア・システムは公式には一度も承認されていないのである。

戦前から持続してきた、幹部候補とそれ以外を区分する強固な身分制的体制も、最近になって見直しの機運が高まってきた。二〇一六年版以降の『人事院の進める人事行政について～国家公務員プロフィール』（冊子）では、「Ⅱ種・Ⅲ種登用研修」の記載はあるものの、入口選別の色彩は弱まっている。その基底に流れるのは、特権性への批判と透明性への要求という組織内外の動きであろう。

その他の分類

公務員の分類基準は、意識するか否かを問わず、それぞれ一定の思想・規範・価値観を含んでいる。以上の代表的な区分以外にも、所属省庁による区分、出身大学による区分、男女の別があり、年齢・世代の違い、地方では国籍の違いもある。これらの区分は状況や立場によりしばしば争点化し、ダイナミックな様相を示す。

職員にとって、最初にどの官庁に採用されるのかは大きな意味をもつ。任命権は各省大臣にあり、採用も省単位で行われるため、大学入試にも似た人気度や難易度が存在し、関連情報が志願者の間に流布している。最初に採用された官庁は「本籍」とされ、出向や交流人事により「現住所」が他省庁や自治体・民間企業・国際機関に移っても、本籍のある官庁との絆が失われることはない。退職後の再就職の大半も、本籍官庁の官房があっせんしてきた。キャリアの場合、定年までの「終身雇用」は守られず、勧奨による早期退職が大半を占めてきたが、再就職先の紹介により六十代以降も雇用を保障する事実上の「終身雇用保障制」(51)がとられている。職員が差し出す名刺の所属先こそ、日本官僚制における第一義的な職員の分類と見ることができる。

次に、出身大学について当事者は日常の中で意識することはないといい、学閥の存在を否定する者も少なくないが、ある時期まで東京大学出身者の比率は突出していた。一九九二年、自らも東大法学部出身の大蔵官僚だった宮沢喜一首相は、行政には多様な価値観が必要だとして採用時の東大偏重是正を打ち出し、I種試験の合格者から事務職を採用する際、「特定大学出身者」を五割以下とする方針を決めた。当時、I種合格者のうち東大の割合は五割強だったが、採用数では六割近かった。大蔵・通産・農水など九省庁では七割以上が東大出身者で占められ、大蔵省では九二年度の新規採用二四人中二二人が東大出であった(52)。この方針により九五年度の内定数で東大出が初めて五割を切り、それ以降もクリアしている。

ただし、合格者数・採用数とも東大卒が圧倒する状況は法文系・理系を問わず変わっていない。キャリアの大半が東大出で占められてきた財務省で、「学閥はない」というのは皮肉にもそのとおりである。だが、歴史的に帝国大学が官吏養成目的で設立されたという経緯と、官僚志望者の多くが東大に進学するという背景を考えると、東大偏重が日本の官庁を単色文化にしている事実は否めない。

第三に、男女の違いという根源的な区分がある。一般職の国家公務員（行政（一））の中で女性の占める比率は一六・八％、本省課室長級以上では三・五％でしかない（二〇一四年度）[53]。国際比較で見ると、二〇〇五年とデータはやや古いが、国の職員全体に占める女性の比率は英・米・仏でそれぞれ五二％、四三％、五六％と概ね人口比を反映し、役職者でみるとそれぞれ二七％、二六％、一四％となっていた。やや男性優位ではあるとはいえ、その年に一・八％だった日本と比べると一〇倍から二〇倍の違いがある。スウェーデンの場合、役職者に占める女性の比率は四二％に達している。女性役職者の割合が比較的低い韓国でも、四・六％と日本の倍以上となっていた[54]。

もっとも近年の傾向として、日本の女性職員の比重は増加中であり、Ⅰ種採用で一九七六年にわずか二・二％だった女性の比率は、九四年に一〇％を超え、二〇〇四年以降は二〇％を超えている。Ⅱ種およびⅢ種採用でも、女性の割合は八〇年代以降ほぼ一貫して増加しており、二〇一五年度は総合職の申込者・採用者数で三割を超えている[55]。人事院は〇五年の「女性国家公務員の採用・登用の拡大に関する指針」により各試験区分での女性の増加を推し進め、内閣人事局も「女性活躍」の旗印のもと、目標を設定して管理職への女性登用を進めている。このことが日本の行政組織を多文化にし、ワーク・ライフ・バランスなどで働き方に影響することは疑いない。他方、政策的にどのような変化をもたらすのか、検証は簡単ではないだろう。この点は章を改めて考えることにしたい。

公式分類と非公式の分類

以上、公務員の分類という形式にかかわる問題をふり返ってみた。それらは実際の人事管理においてて制度的な区分となる一方、ボーダレス化の中で、また予期せぬ争点化によりダイナミックな変容に迫られている。「我々の日常は、のべつまくなしの分類作業だ(56)」といわれるように、職員の日常でも人事担当者の頭の中でも、無数のタイプ分けが行われている。具体的には、長期の評価に基づく「できる職員」とそれ以外という感覚的だが重要な分類をはじめ、「国士型と合理主義型」、「ジェネラリスト型とプロフェッショナル型」、「政治家タイプ・実務型・研究者肌」、「献身派と生活重視派」、「組織依存型と自立型」といった非公式の分類がなされ、公式分類とクロスさせつつ人事管理上のフィードバックがなされていると思われる。あるいは、「(主計局などの)原局型官僚と官房型官僚(57)」、さらに官邸の息のかかった内閣官房の官僚(内閣官僚)も現れ、政治的な色分けもなされている。

能力評価と試験区分、実績と性別、政治家との距離では、何がどう優先されるのか。そうした試行錯誤の結果は改革の基礎となる「思想」を生み、新しい人材像の共有を促すだろう。以上の議論から直接導き出されるわけではないが、それらを基礎にしつつ、日本の公務員制の性格を考えることにしたい。

3 日本の公務員制の性格

日本の公務員制の特徴を簡潔な言葉で同定し、そのメカニズムを的確に説明するのは困難な課題である。それは本書全体を通じてのテーマであるが、本節ではこれまで研究者によってどのように論じられてきたかをふり返った上で、比較の中で公務員数の問題をとり上げ、公務員の範囲および分類に関する議論から暫定的な整理を行う。すなわち、人事管理上の閉鎖性、職員数の相対的な少なさ、職員同士および職員と外部との相互性という三点から整理をし、制度全体を覆う曖昧さにも言及しておきたい。

従来の議論

西尾勝の整理によれば、国際比較からみた日本の公務員制は次のような特徴をもつ。まず基本類型として、アメリカ的な「開放型任用制」に対する「閉鎖型任用制」に位置づけられる（欧州各国も後者の範疇に入る）[58]。開放型とは、官民間・（自治体やEUなどを含む）政府間・各省間に類似の業務が存在することを前提に、労働力の移動を容易にする人事システムと要約できる。これに対し閉鎖型は、新規採用が入口採用にほぼ限定され、中途退職はあっても中途採用は限られ、任用は終身職の職員への異動の発令という形式で行われる。

次に、採用試験に関しては平等な扱いをするものの、Ⅰ種試験採用者を事実上区別して人事を行っており、日本のキャリア・システムは非公式の身分制的性格をもつ。第三に、政治との関係から見ると、アメリカのような民間人の政治任用も、またフランスのような高級官僚の政治任用も稀であり、特別職の範囲も限られていることから、イギリスの中立的な行政官イメージに近い。第四に、府省別の採用・昇進を基本としているため、セクショナリズムが強固となり、時に各官庁が重要案件に拒否権をもつに等しい状況を生み、各省間にまたがる政策・制度の調整や変革を阻む構造となっている。第五に、職員の身分保障が強い反面、政治的行為と労働基本権は制限され、その代償措置として中央人事行政機関である人事院が給与勧告制度などで第三者的な役割を果たしている。第六に、地方に対する国の優位、技官に対する事務官の優位、女性職員に対する男性の優位などには、機能的な区別とは別次元の身分制的な格差がみられる。

以上の性格づけは、従来の研究を要約したものであるが、官僚制研究からもいくつかポイントをつけ加えておこう。辻清明は先述のごとく、「公務員制と官僚制の異同性」をテーマとし、「日本官僚制に内在する顕著な性格を、主として統治構造における割拠性と支配形態における特権性という二つの点に求め」た。(59) 辻は割拠性の基因を明治期の薩長藩閥勢力による政権支配と内閣の統整力の欠如にみていたが、先の官庁間セクショナリズムもその延長上に位置づけられる。一方の特権性とはキャリア制度、つまり旧高等文官試験合格者優遇の流れをくむ身分的性格を指すと同時に、ノンキャリアを含む職員が「官」として〝お上〟の立場から民衆を統治する行動様式も含んでいる。

伊藤大一は、日本官僚制の特徴を、内部的には「権限を媒介とする集団化」(一種のセクショナリズム）の傾向に見るとともに、組織と外部集団との関係では、行政の社会に対する制御関係に組織内的な制御関係の移行が認められる点、つまり「民間事業の関係者を不正規の行政官に変換」しうる点に求めている。やや難解な表現だが、各官庁が関係する業界の職員をコントロールしうる状況に注目する。いずれの場合にも、機能的な関係よりもパーソナルなヒトの側面が強調され、情緒化の契機が見られるという(60)。この視点は、何が公務員の行動を枠づけ促すのかという問いに対し、稟議制や行政指導という日本特有の行政慣行との関係において説得力をもつ。特にセクショナリズムと天下り問題を考える際に示唆に富み、このあと論ずる公務員数の減少傾向とも密接に関係する。

辻と伊藤の議論は、現代日本の公務員制（官僚制）が、戦後改革にもかかわらず、戦前の体制・秩序・意識を持続させてきた側面を強調する。同様に、井出嘉憲も行政文化の連続性に注目し、「官」の語とその文脈、戦後公務員制度改革、戦後の行政イメージを検討した上で、温存される「官」の伝統を指摘した(61)。それぞれの強調点は異なるが、いずれも戦後改革の理念がそのまま定着していないことが問題だとし、いわば伐採跡地に新しい樹種を植えたにもかかわらず、切り株から吹き出た新芽が植林された樹種を圧倒している風景を想像させる。

一方、村松岐夫は、辻の研究を「戦前戦後連続論」と呼び、自らの立場を「戦前戦後断絶論」と位置づけ、政党や利益集団の影響力の増大の中に日本の政治過程の多元主義傾向を読みとった(62)。ここで同論争には立ち入らないが、戦後公務員制の変化と連続は多くの行政研究者が注目してきたテーマである。

公務員数、政府の規模の比較

ここまで、主として日本の公務員制の質的傾向を扱ったが、公務員数と政府の規模という「量」も重要な論点である。一九八〇年代の中曽根行革以来、とくに小泉内閣の頃より「小さな政府」路線が敷かれ、公務員数の抑制・削減が内閣の課題の一つになってきた。他方、未定稿ながら内閣人事局資料の〔図I-2〕が示すように、国際比較から見た日本の公務員数の少なさも際立っている。

経済協力開発機構（OECD）の国際比較データによれば、総雇用者数に占める公共部門雇用者の割合で、日本は韓国に次いで（広義の）公務員が少ない国になっている。二〇〇九年および一三年の数値で、OECD諸国の平均値約二一％に対し、日本は半分以下の八％である。最多のデンマーク、ノルウェーは三割を超えているから、割合で日本の約四倍に相当する。(63) なお「公共部門雇用者」とは、各レベルの政府（国・地方）、公的企業のほか、公権力によりコントロールされている非営利組織の職員を含むとされる。OECDは対労働力人口比の公共部門雇用者の割合も出しているが、数値・順位とも大差はない。

異なる指標だが、二〇〇五年に内閣府の経済社会総合研究所が野村総合研究所に委託した人口一〇〇〇人あたりの公務部門人口の調査がある。多い順からフランス九六人、イギリス（常勤数換算）七八人、アメリカ七四人、ドイツ七四人で、日本は最少の四二人であった。(64) ちなみに、日本の公的部門の全職員数は五三八万人と計算されており、一九八〇年代以降の行革で民営化・外部化された影響は

図Ⅰ-2　人口1,000人当たりの公的部門における職員数の国際比較（単位：人）

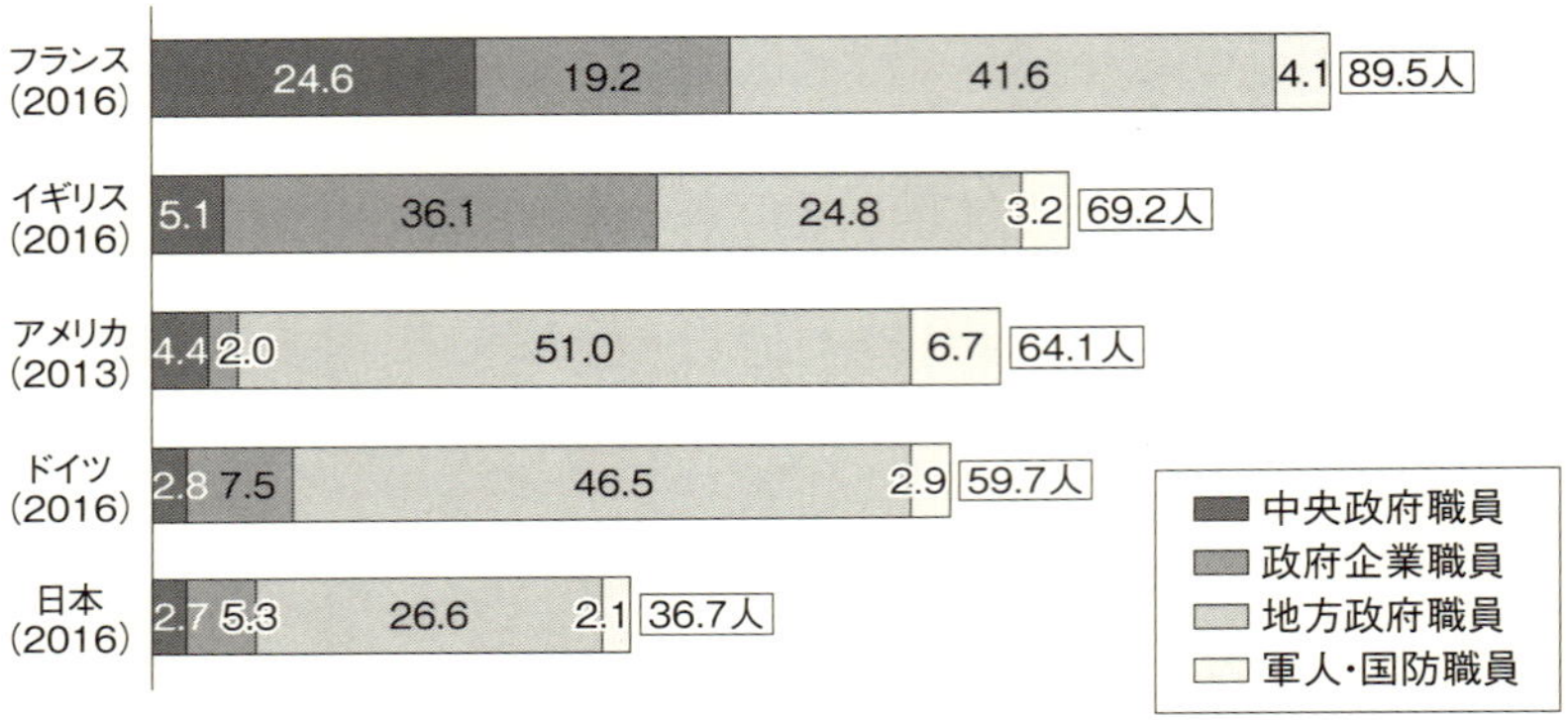

注）1　国名下の（　）は，データ年度を示す．
　　2　合計は，四捨五入の関係で一致しない場合がある．
　　3　日本の「政府企業職員」には，独立行政法人，国立大学法人，大学共同利用機関法人，特殊法人の役員を計上．
　　4　日本の数値において，国立大学法人，大学共同利用機関法人，特殊法人及び軍人・国防職員以外は，非常勤職員を含む．
出典）内閣人事局資料（未定稿）．

反映されていない。国際比較から見た日本の公務員数の相対的少なさは明白であり、いわば度を超えている。少なくとも、公務員天国といわれるフランスの半数以下の職員で国民に公共サービスを提供している計算になる。

ここで政府の規模を金銭面からみると、国民負担率でも日本の公的部門は相対的に小さい。国民負担率とは、国民所得に占める税と社会保障費の負担の割合を指し、財務省によれば、フランスが六八％、ドイツが五三％、イギリスが四七％、もっとも低いアメリカが三三％で、日本はアメリカに次いで低く四二％となっている。潜在的負担である財政赤字分を加味すると日本は五一％となるが、順位に変動はない。日本はデータのあるOECD三三か国中二七位で、負担の軽い方から五番目である[65]。この数値は、公務員数の少なさと比較すると極端とはいえず、その理由に公務員一人当たりの人件費の高さが関係すると考えられる。大和総研の調査によれば、公務員一人当たりの報酬の、それ以外の雇用者報酬に対する倍率で、日本はOECD諸国中ニュージーランドに次いで報酬が高い。比較した二三か国の平均値一・三七に対し、日本は二・一であった[66]。

前田健太郎は「日本の小さな政府」の実態と、その歴史的・制度的背景について詳細に分析している[67]。それによれば、「日本の公務員数は常に極端に低い水準であり続け」、その理由として、一九六〇年代から人事院の給与勧告が完全実施となったこと、他方、政府が財政支出と賃金上昇をコントロールする手段を欠き、総定員法などで公務員数の抑制に乗り出したことが関係するとみる。また八〇年代以降、欧米の学界で使われるようになった「ガバナンス」の概念に関しても、官僚制が民間企業や外郭団体と協力しながらネットワークの中で政策を展開してきた日本では、それ以前からの常態であり、実は「古い現象」だと指摘する。この見方は、先に紹介した伊藤の言う官僚制の「組織外への制御関係」とも関連する。そうした事実を確認した上で、前田は「人員削減に偏重した不必要な行政改革」を批判的に論じている。一般に受け入れられている「小さな政府」の方向性に対し、公務員をもっと雇うべきではないかという主張は新鮮であり、筆者も同意見である。

相互性と曖昧さ

さて、日本の公務員制が「閉鎖型任用制」に位置づけられることは先に述べたが、その内実は同じ系に属するフランスともイギリスとも異なる。その違いとは、日本の高級官僚には早期退職勧奨がある一方、実質的な「終身雇用保障制」がとられ、職員は入省した官庁に生涯深くコミットし、そこから多様な便宜を受け続け、それが政策の内容と過程にも影響する点にある。退職後も含めた異動・評価・処遇のあり方は、この閉鎖系システムを基盤としている。大森彌が「官のシステム」と名づけた人事・組織・執務条件の相互関連もこの特徴に相当し、他の諸制度の変化にもかかわらず、明治以来の強い「粘性」を示してきた(68)。

これを別の角度からとらえると、「相互性」の支配として理解できよう。相互性とは組織文化ないし個人の行動の一プロトタイプであり、集団(group)の境界が明確でその内圧が強い反面、出自・職位・役割などに関する一般的な規範(grid)が弱く、集団内に平等主義的傾向が見られるのがその特徴である。キャリア組、技官、所属官庁など同一集団内のメンバーは、相互に意見・利益・期待をすり合わせ、配慮しつつ競い合い、牽制しつつ協力し、既定のルールよりも相互の交渉を通して集団としての方針を形成する。ここで「集団」とは、必ずしもフォーマルな組織と対応しているわけではなく、官庁と関係業界の間、族議員など政治家との間、あるいは三者間にみられる双利共生的な関係である。

他方、「グリッド」の弱さに関してはいくつか反証が予想される。日本は法治国家であり、時に法規万能の傾向さえ見られること、組織構造や定員では他国と比較して法的規制が強く、弾力的な変革が困難なこと、メリット主義が浸透し政権による自由任用が制限されていること、などの反証があろう。だが天下りの歴史は、関係企業への再就職を禁止してきた国公法の規制がルールとしていかに弱かったかを物語る。また、行政活動の単位とされる「課」を中心に横の分掌構造が厳格に規定される反面、組織内の縦の分業構造、専決権限の割付構造がきわめてルーズなことは、いわゆる「グリッド」（職による役割分担）の弱さを示すものといえる。(69) 大部屋主義は組織単位の集団的な「一致団結」と「城内融和」の傾向、および職員個人の執務範囲の概括性・曖昧さを表している。(70)

近年の変化をみると、他省庁との人事交流が拡大し、自治体への出向、留学を含めた海外勤務も一般化した。一九九二年以降は公務員の週休二日制が定着し、祝日の増加もあり、家庭や地域で過ごす時間の量は徐々に増えてきた。若い世代が組織に加わることで、職場単位の行事や旅行の類は減ったといわれる。静かではあるが着実に進むライフスタイルの変化、欧米的な個人主義の浸透が、閉鎖的で相互性を基調としてきた公務員制の変化の契機となっていることは疑いない。説明責任の必要が強調され、公益通報者保護が制度化された結果、公務員の「市民」としての自覚も高まるであろう。松下が相互に矛盾して解決できないと指摘した「公務員の市民・勤労者・職業人という三面性」は、時代と共に緊張を強めてきていると思われる。

この章の最後に、以上の要約に代えて、現代日本の公務員制のもつ「曖昧さ」に触れておきたい。日本の公務員制は、制度と運用のズレ、法規範と実態の乖離、相互性に基因するルールの逸脱を含みつつ、当事者の側もそれを観察するメディアや研究者の側も、これが公務員制度の特徴である、これが進むべき今後の方向である、と明言できないような両義性・多面性をもつ。立法化されながら未実施のまま放置された職階性と、違法性が常態化し政治家が根絶を叫ぶ中でも続いてきた天下り慣行はその双璧というべきであろう。そこには決断力の弱さ、実行力の不足、透明度の低さ、隠し事の多さが関係している。

キャリア制に目を転ずると、メリット原則・能力主義との関係は今なお説明困難である。また日本独特の公募手続なき人事異動は、内心は意欲満々の官僚たちの受動性・消極性を前提とする。前田が問題にする公務員数の異常な少なさは、増大する公務の総量とどう関係していくのか。政治家や政党がさらなる職員数と人件費削減の構えを見せる一方で、実際には削減が限界を示す中、国民はそれを支持するのかしないのか。公務員はこの理不尽に抵抗するのかしないのか。研究者たちは一体どう考えるのか、いずれも不明である。

これらの矛盾に満ちた問いが、実は明確な形で論点・争点になっていないことこそ問題ともいえる。現代日本の公務員制の実態は、こうした曖昧さを基調に、抜本的な改革が行われないまま、さほど大きな混乱を生じることなく一定のバランスを保っている。定年の延長と年金問題、労働基本権の回復と人事院勧告の関係など、手順を踏んで次の段階に進むべき課題も未決着のままもち越されている。筆者は、制度全体を覆うこの曖昧さの中に日本の公務員制の特徴を見出し、その決断なき漸進過程に一つの歴史必然を見る思いがする。

この曖昧さこそ、戦後「自律化」の傾向を強めた公務員制が「応答型」に脱皮しようとする際の、制度のディレンマというべきではないか。その際、「応答型」が「自律型」の進化型であるためには、政治の質が重要な条件となろう。公務員の応答対象である大臣や内閣に劣化が生じれば、自律型への回帰さえ正当化されうる。以下、そのディレンマの実態を追っていくことにしたい。

Ⅱ章 歴史の中の公務員制
——官吏・公務員制度の変容と政府システム

本章では、戦前の「官吏制度」、次いで戦後改革による「公務員制度」、さらに現在そこに向けてシフト中の「明日の公務員制」につき、それぞれどこがどう異なり、また何がどう変化してきたのか、歴史の視座から概観したい。

前章では、日本の公務員制の性格について大まかな整理を試みた。だが、これらは諸外国との比較では妥当しても、時間軸でみる限り、どの性格特性も少なからず変化している。閉鎖性に関していえば、明治中期に官吏制度が確立する以前の段階、あるいは大正期の政党内閣の時代には自由任用や政治任用の範囲が相対的に広く、より開放的であった。近年も二〇〇九年成立の民主党政権が「官主導から政治主導」を掲げ、一四年には第二次安倍政権下で設置された内閣人事局により、長く続いた官庁の自律的人事が急速に変化している。あるいは民間からの任期付採用や交流人事も増え、開放化への動きは明らかである。特権性に関しては、サッチャー政権以降のイギリスがそうであったように、日本も市民化への圧力を受け「脱特権化」に向け舵を切っている。さらに相互性についても、公共サービスの外部化・民営化、省庁再編、情報公開、天下り規制などの改革により、従来の人事管理のあり方は変容を迫られている。

こうした変化の多くは、明確な制度設計に基づく改革の結果というよりも、長い時間をかけ、官僚集団の抵抗と妥協を経ながら、改革の成果とも失敗ともいえない曖昧な形で進んできた。官僚制に対する政治的統制の弱さは明治以来の伝統といえるが、戦後改革により国会や内閣の影響力は制度上強化され、近年は政治が改革を主導する場面が明らかに増えた。さらに世論の動向が改革を方向づける局面も生まれ、その意味ではより民主的で応答的な制度に移行しつつあるといっても誤りではないだろう。

本章で注目するのは、行政史の三つの文脈である。まず、明治維新から戦後改革を経て現在まで、官吏・公務員制度のもつ性格と傾向はどのように変化したのか、制度の変遷を時代背景の中で整理する。次に、官吏・公務員制のいわば基本となる「政府」の機能と性格はどう発達・進化してきたのか、概念的な区分を試みる。第三に、政府の性格が変容する契機に留意しつつ、公務員のタイプの変化について考えたい。

1 官吏制度から公務員制へ

戦前の官吏制度は、内閣制度が樹立される一八八五（明治一八）年を境に、それまでの薩長藩閥勢力による情実任用・自由任用の段階から、フォーマルな制度としての定着と自律化が徐々に進んでいった。国際関係、政府の構造、基本政策の内容のすべてが不安定かつ流動的な中で、官吏制度はそれらの動きと有機的な関係を失うことなく、また政治的圧力や社会からの期待と批判を選択的に吸収しつつ、政府の中での地位を確立していった。内閣制樹立から敗戦までの六〇年間の歩みには多くの試練と起伏、修正と破綻があったが、その試行錯誤に満ちた経験が戦後公務員制の基礎になっていることは疑いない。

官吏制度の確立(1)

まず、官吏制度を分類と任用からみるならば、一八八六年の「各省官制」通則により各省の組織と権限が規定され、「次官」(勅任)以下、「秘書官」「書記官」「局長」「参事官」「局次長」(いずれも奏任)、「試補」(奏任に准ず)、「課長」「属」(ともに判任)などの官職が整備された(ここで勅任、奏任、判任とは任命の方法に基づく区別で、身分的な上下関係を伴っていた。後述)。続いて八七年の「文官試験試補及見習規則」と「官吏服務規律」により、採用試験の枠組、官吏としての規律と無定量の忠誠義務が明示された。

その後八九年の明治憲法公布、九〇年の帝国議会開設をはさみ、九三年には奏任官以下の官吏の採用を公開試験とすることとした「文官任用令」と「文官試験規則」が制定された。これにより、八七年の規定では帝国大学の卒業生が無試験で採用されていた特権的措置は廃止され、近代的な競争試験が定着していった。ただし勅任官はその後も自由任用であり続け、九八年の大隈重信内閣成立後は各省局長や地方官などに猟官人事も見られるようになった。

官吏制度が未整備だった維新以降の二〇年間、太政官制の下ではどのような人事が行われていたのだろうか。体系的な整理はないが、八一（明治一四）年の政変を機に、河野敏鎌農商務卿、前島密駅逓総監、尾崎行雄統計院権少書記官らが大隈とともに官を去っていることから、藩閥有力者の側近を中心に情実的な任用が行われていたことが推測される。とはいえ官吏の能力が等閑視されていたわけではなく、維新政府はこの間に各省組織の体制を整え、(2)数々の改革にとり組む中で、有能な官吏の登用は喫緊の課題であった。実際、その後河野は文部卿として教育制度の改革を進め、英国帰りの前島は郵便制度確立で中心的役割を果たすなど、幹部人事はその能力評価と深くかかわっていたと考えられる。

維新後の改革項目を列挙すれば、六九年東京遷都、七一年廃藩置県および郵便制度・邏卒（巡査）制度の創設、七二年全国戸籍調査、学制公布、鉄道の開通、七三年に地租改正が始まり、同年の徴兵令、第一国立銀行設立と続く。行政固有の業務である治山治水や道路建設などの公共工事にも近代的技術が導入された。また、造船所・紡績所・製糸場など多数の官営工場・炭鉱・鉱山が設立され、八〇年以降はその払い下げが始まる。それらの多くが欧米諸国の制度と技術の移植によっており、その担い手の確保については七七年創立の東京大学（法・理・文・医の四学部、八六年に帝国大学と改称）をはじめとする官立大学で官吏の育成が本格化していった。

有為の人材の任用と育成が急務であった一方、官を目指す下級武士らの競争も激しかった。福沢諭吉が、「立身出世とは単に官途につくことと考えてこれに群集し、幸にして其処を得るものは意気揚々とし」、他方「民間に取り遺された無数の士人は、他村の祭礼を遠方から眺る者に等しく羨望の情に堪へず」(3)と観察したように、官職に就くことへの士族の欲求はきわめて高かった。政府が広く社会に人材を求める一方で、供給側からの圧力も強く、「官」は当時の社会で最も高い求心力を保っていた。「官」への過度の関心を福沢は「惑溺」と呼んだが、帝大卒業者への無試験任用規定の廃止も、議会における情実的・特権的人事への批判に応じたものであった。

海外に目を向けると、イギリスでノースコート・トレベリアン報告により試験制が導入されたのが一八五五年、アメリカで資格任用制を導入したペンドルトン法の制定が一八八三年であるから、日本ではこうした政治的・社会的環境の中で欧米に大きく遅れることなく、近代的な官吏制度が形成されていったことになる。

官僚制成立史の国際比較を行ったB・シルバーマンの整理によれば、日本はフランスと同様に、不安定な政治的リーダーシップに対応したという意味で「高い不確実性」(high uncertainty)の下での戦略をとったとされる(4)。すなわち、アメリカやイギリスのように、猟官制と情実人事に代表される民主政治の副作用を制度改革によって段階的に克服するのではなく、日本では「官僚制を政治的リーダーシップの主要構造とするための戦略(5)」をごく短期間に選択したのである。絶対制から近代民主制への移行プロセスを欠いたまま敗戦と戦後改革を迎えたことは、その後のさまざまな幸運および矛盾の起因となる。

しかし逆から見れば、台頭する民主的勢力からの批判をどうかわし、いかに吸収するかが明治政府の直面した重要課題の一つであった。その意味で、辻清明が述べるように、アメリカ・イギリスが「先進的な近代民主制国家」の過程を経たのに対し、日本の制度が「正常な歩調で経過することなく」[6]敗戦に至ったと言い切るには、多少の留保も必要であろう。欧米的な見方では正常でないとしても、外圧と政治的不安定という状況下での戦略的な、システム維持の観点からはやむを得ない制度選択とみることができよう。

官吏制度の特権的性格

戦前の官吏制度は、敗戦までその基本形を維持したとはいえ、成立から半世紀あまりを経過するうちに多くの修正と改変を経験した。ここで制度の全体を要約すれば、概ね次のような特徴をもっていた。まず、明治憲法が「天皇ハ行政各部ノ俸給ヲ定メ及文武官ヲ任免ス」(一〇条)と規定していたように、官吏は「天皇の官吏」として封建的な身分制秩序に基礎をおいて運営されていた。すなわち、戦前期を通じ政府の職員は官吏と非官吏に分けられ、官吏は高等官と判任官からなり、高等官はさらに勅任官と奏任官に区分された[7]。勅任官のうち、天皇による親任式をもって叙任される各省大臣などは親任官と呼ばれた。

勅任・奏任・判任という区分は任用手続の違いや機能的な権限関係を超えて、天皇からの距離という性格をもち、実際に宮中席次などでは物理的な距離を反映していたといわれる。勅任官のみが使用できる庁舎内の食堂や便所の区別から、馬車や人力車といった通勤手段、ヒゲに象徴される風貌上の特徴、職場の人間関係から私生活まで「殿様扱い」される風習など、[8] 勅任官にはさまざまな特権が付随していた。この場合、幹部への昇任が保障される高等試験合格者（高文組）という特権性と、組織内でのヒエラルヒーに基づく特権性とが相乗的に働いていた。

こうした身分制と特権性は、官吏と非官吏の区別、事務官と技術官の待遇差にも現れていた。非官吏には雇員と傭人があり、各官庁の筆生、使丁、郵便集配人、職工などがその例であり、雇員は主として行政的事務を、傭人は主として肉体的単純作業を担当した。また、官吏が国との公法上の関係に基づくのに対し、非官吏は国と私法上の委任ないし雇用契約を結んでいた。とはいえ、文官任用令は「五年以上雇員タル者」を判任官への任用資格としてあげており、天皇を中心とする身分的な同心円の周辺で「官」に接していたことも事実であろう。

一方、官吏任用の特例として教官と技術官があり、競争試験ではなく高等および普通試験委員の「銓衡」（裁量）による任用が行われた。このうち技術官については勅任の技監、奏任の技師、判任の技手という区分が置かれたが、一八九八年の技術官俸給令により技監が廃止となり、その後は勅任官たる技師を置くことができることになった。任用における技術官の別扱いは当初は機能的な区別だったとみられるが、徐々に身分的な性格を強めていく。

技術官の場合、昇進速度の遅さや到達ポストの低さなどで事務官との格差が顕在化し、大正中期から昭和前期にかけて両集団の反目をひき起こす。具体的には、一九一八（大正七）年に工業技術者による「工政会」、林業技術者による「林政会」、農業技術者による「農政会」が結成されて「三政会」となり、さらに水産・畜産・医療関係技術者の組織化も吸収しつつ、技術者水平運動の主体となっていった。それは単に行政組織内での待遇改善を求めただけでなく、戦時体制下では政策的にも無視できない展開軸となった(9)。もっとも、技術者の冷遇に関しては専門領域や官庁によって差異がみられ、内務省の土木系技術者の感じた差別感は農林技術系ほど強くはなく、戦時期に花形といわれた逓信省の電信技術者などは水平運動にも加わっていない(10)。

こうした戦前の官吏制度の性格は、終章で説明する文化理論の用語を用いれば、「グリッド」（出自・性別・職位の違いに基づく格子状の区分）の強さに特徴がある。同時に、官庁ごとの「グループ」圧力の恒常的な強さを考えると、類型としては典型的な「ヒエラルヒー型」に位置づけられる。とはいえ、軍についてもいえることだが、戦前の日本の官庁組織はドイツなど西欧諸国のもつ合理化の契機を欠き、いわば「一家」としての集団的あるいは家族主義的な色彩が強かった。このことは、戦前と戦後の変化と連続を考える際の一つのポイントとなるであろう。

政党政治との関係

官吏・公務員制度の発達および性格形成を考える際に、政党政治との関係はとりわけ重要である。政党政治は議会制度と結びついて民主制の基礎となる一方、中立であるべき人事行政に党派性をもち込むことから合理的な行政運営への障害にもなりうる。官僚制への民主的統制と合理的で専門的な行政運営のバランスは、その国や時代条件によりさまざまな均衡点をとりうる。近代日本で政党政治が具体的な形を現すのは明治中期であり、薩長藩閥勢力との対抗関係を軸に政権運営が行われていった。だが、今日でいう「政官関係」、すなわち公選の政治家と試験採用の官僚の対抗関係が表面化するのは、概ね大正期以降である。というのも、採用試験が制度として定着し、その客観的な審査を経た専門的行政官が集団として自律化し、組織の幹部を占めるようになるには二〇年前後を要したからである。以下、その経緯の概要を見ておきたい。

まず一八九〇(明治二三)年の帝国議会開設後、最初に成立した政党内閣は九八年の大隈内閣(隈板内閣)だったが、与党憲政党内で旧進歩党と旧自由党の人事をめぐる紛争が生じ、藩閥勢力からの圧力もあって四か月余りで総辞職に追い込まれた。その後、藩閥の山縣有朋内閣、立憲政友会の総裁となった伊藤博文による第四次内閣を経て、一九〇一年から一三(大正二)年まで藩閥の桂太郎と政友会の西園寺公望が交代で組閣し、いわば両者の妥協と均衡の上に政権の持ち回りが続いた。この間、一八九九年に山縣内閣は政党勢力の伸長を抑えるべく、文官任用令を改正して勅任官を奏任官(高等官三等)からのみ任用できることとした。

本格的な政党内閣が成立するのは一九一八(大正七)年の原敬内閣であり、二〇年の衆議院選挙における政友会の圧勝もあって、閣僚のみならず各省の次官・局長クラスの幹部人事にも政党政治の波が浸透し始めた。政権交代の際は、文官分限令の休職規定を用いて幹部の更迭を行っている。とはいえ、政党員を幹部に登用するアメリカ型の政治任用ではなく、官吏の政党への接近ないし流入というのが実態であった。その意味では、外部に人材を求める開放型人事への移行ではない。原の初入閣は一九〇〇年伊藤内閣での逓信大臣であり、その後も内務大臣を二度経験している。そのため、原により抜擢され入党した官吏は、続く反政友会系内閣で閑職に置かれたり休職処分を受けたりした反面、原内閣の成立で再度復活した例も少なくない。これについて水谷は、「政友会と運命をともにすることが長期にもペイすることを官僚も実感したに違いない」[11]と指摘する。

原が暗殺された二一年以降も、政友会と憲政会（後の立憲民政党）の交代により政党内閣の慣行が定着するかに見えた。だが三二年五月一五日、政友会の犬養毅首相の暗殺により「憲政の常道」の流れは断ち切られ、西園寺の奏請により元海軍大将の斎藤実内閣が成立する。以後、準戦・戦時体制に向って軍部中心の短命内閣が続くことになる。原内閣から昭和初期までの政党内閣の下で、幹部の人事はおよそ中立的・自律的なものではなくなっていた。「我田引鉄」と呼ばれた原の公共事業バラマキ路線が政治不信につながっていったように、官吏の入党も党派性や腐敗の文脈で批判的に見られることが少なくなかった。内務官僚の場合、本省の幹部人事に加え、知事などの地方官人事にも党派色が現れ、一九二七年の田中義一（政友会）内閣では、鈴木喜三郎内相により一七人の府県知事が免職ないし休職となり、これに伴い内務部長・警察部長など一八人が休職処分を受けている[12]。こうした党派的人事の行き過ぎに対しては、昭和天皇も憂慮したといわれ[13]、政党内閣が崩壊する原因の一つになった。

ところで、当時の官吏に求められる専門性とはどのような内容だったのだろうか。大正中期の内務省内では労働問題や社会保険・賑恤救済事業など新しい政策課題に対応するべく、欧米諸国の制度研究などを通して専門化が進んでいた。後に東京帝大法学部教授（政治学）から総長となる南原繁は一九一九年、内務省警保局事務官に任ぜられ、同局内の松村光磨に英国、安部源基にドイツ、伊藤義文にフランスの労働立法をそれぞれ研究させ、労働組合法案をまとめた経緯を回想している。「農商務省では労働問題を忌避する傾向があった」こともあり、「労働組合員たる故をもって解雇することを得ず」との規定を入れるなど、進歩的な内容としたことにより、「労働行政についての指導権を内務省が握るに至った」という(14)。

内務省では広く社会問題を扱う「社会局」が一九二〇年に設置され（二二年外局に昇格）、行政活動の専門化と組織の機能分化が顕著になっていく。新規政策の管轄をめぐって省庁間の権限抗争が表面化するのもこの時期であり、河川や山林行政の分野でも内務・農商務両省および事務系・技術系の違いを軸に主導権争いが見られた。大正から昭和にかけてのこうした行政活動の専門化傾向の中で、政策の効率的な遂行と相いれない人事の「政治化」、官吏自身の「党派活動」は否定的にとらえられがちで、当時の身分保障の弱さも手伝って官僚自身にとってもマイナスに映った。

戦前は人事行政を一元的に所管する部門がなく、制度は法制局、俸給は大蔵省、試験は試験委員、分限は分限委員会に分掌されていたことも、党派的人事を抑制できない要因となった。戦前の政党と官僚の関係を詳細に検証した清水唯一郎は、この時期に政権に参加した官僚について、「政党政治の負の側面を記憶に深く刻んだ彼らは、近代日本の発展が政党と官僚の協働によってもたらされたことを忘却していた」と述べる[15]。その意味で、政党政治の人事行政への浸透と影響は、官僚制に対する有効な民主的統制とは呼びがたい代物であった。とはいえ、以上の経緯は、この時代の経験なくして戦後の政官関係の舵取りは困難だったといえるような、官僚制の民主化にとって貴重な歴史的記憶となった。

戦後改革とその後

敗戦後、連合国軍総司令部（GHQ）による占領下で憲法改正をはじめとする数々の制度改革が進められるが、官吏制度が受けた変革も大きく、これまでに多くの分析が行われてきた。「憲法は変われど行政法は存続する」というO・マイヤーの言説が官吏・公務員制についても妥当するのか否か、官僚制の支配は戦後も持続したのかという問いは、政治・行政学上の論争的テーマである。あるいは、野口悠紀雄が「一九四〇年体制」と呼ぶ戦時動員体制の戦後への持続も、官僚制の自律性・主導性に関して数多く観察できる[16]。何よりもGHQが「間接統治」方式を採用したことから、軍や財閥が被ったような解体を経験することなく、官僚機構は戦後改革の実施主体として、文言上の大転換にもかかわらず、ほぼ無傷で生き延びることになった。

しかし、公務員制度の基本を戦前のような勅令ではなく、国会の立法によって書きえたことの意義は大きい。一九四七（昭和二二）年制定の国家公務員法は、新憲法が掲げた「全体の奉仕者」という公務員の理念に呼応して、くり返し政治による改革の対象となった。すなわち、中央人事行政機関として人事委員会を設置し、科学的人事行政を保障すべく職階制の導入を試み、公務員弾劾制を規定するなど、官僚制に対する民主的統制の基礎を敷いた。しかし、人事委員会は翌二三年の同法改正で独立性の高い人事院となり、各省事務次官は特別職から一般職となり、公務員弾劾の規定も削除された。これらは、当時の立案者や政治勢力の複雑な関係と混乱した社会状況を物語るが、B・フーバーを団長とする合衆国対日人事行政顧問団の意向を強く反映していた。

同顧問団が準備した草案と比べると、社会党の片山哲内閣が提出した法案では人事委員会の独立性が弱く、特別職の範囲を事務次官にまで広げ、争議行為の禁止規定を削除しており、国会通過時に日本を離れていたフーバーの怒りをかうものとなった。そこで翌年、GHQの指示により吉田茂内閣が先述の法改正を行ったのである。なお、詳細な職務分類に基づく職階制は顧問団の提案の中でも重要な柱とされ、五〇年に職階法の成立をみたものの、半世紀以上も未実施のまま、結局二〇〇七年に廃止されている。

ともあれ、一九四八年までに骨格が固まった戦後の公務員制は、その後六〇年以上にわたり根本的な改革を受けることなく、技術面・運用面での修正をへて現在にいたっている。その中で、二〇一四年の内閣人事局設置は長い改革運動の結果であり、政治主導という意味で戦後史の中でも一つの転換点であろう。戦後改革のような法制度上の断絶とは異なるが、運用次第では大きな変化の契機になりうる。GHQの強い影響下で実現した官吏制度から公務員制への移行はひと言で「民主化」と要約することができ、それは政治の決定に公務員集団が服することを意味していた。とはいえ、国公法第一条に「公務の民主的且つ能率的な運営を保障することを目的とする」とあるように、広義の民主化には能率化・合理化の要素も含まれる。システムとしての公務員制の発達とは、民主性と能率性の均衡のとれた成長、つまり問題解決能力の螺旋状の進化・向上の過程なのであり、政治統制の強化のみが民主化の指標ではありえない。

特に行政活動の専門化が進んだ戦後の社会では、何がより民主的な制度といえるのか、人事行政機関の独立性、中立性の担保手段、特別職の範囲、弾劾制の是非、労働基本権の保障といった制度面だけでは判断できない。フーバー、片山内閣、吉田内閣それぞれの考える民主化の方向が異なり、発足時の公務員法とその改変について研究者の評価が分かれるのも、変化の時代における公務員制の両義性に基づくものといってよい(17)。

以上のことを断った上で、戦後の公務員制を戦前の官吏制度と対比しながら、何が変わり何が変わらなかったのか、概略をふり返っておきたい。第一に、高い独立性を与えられた人事院は採用試験の実施、官民の均衡に基づく給与勧告のほか、公務研修、災害補償、公平審査、二〇〇〇年以降は公務員倫理の審査等の権限を背景に、人事行政の公正と中立性の維持にあたってきた。だが、職員の実際の任用という核心部分は各省に委ねられ、個別人事への関与は限定的であった。また職員の定数管理は行政管理庁(現総務省)の権限とされ、人事院は給与に関連して級別定数の管理にかかわるにとどまった。さらに一九六五年、ＩＬＯ八七号条約の批准を機に、内閣総理大臣が公務員の使用者としての機関に位置づけられたことから、人事院が人事行政全体を統括する立場とはいえない分掌構造に移行していた。

次に、幹部職員の政治任用は例外的に、半ば事件としてしか行われず、また大臣による抜擢や民間人を登用する自由任用もごく限定的であった。裏返せば、各省を単位とする閉鎖型人事が定着し、その中で再就職（天下り）のあっせんも日常の人事システムの一環に組み入れられていった。戦前と比べても省庁組織の壁を超えた人事異動は少なく、一括採用や幹部人事の一元管理も最近までは掛け声止まりだった。しかし、内閣による幹部人事の一元化は各党の掲げる共通の方向となり、先に触れた内閣人事局の設置となった。

第三に、戦後改革が目指した科学的人事行政の実現という点から見ると、職階制の挫折をはじめ、客観的な能力・業績評価の遅れが示すように、高文試験以来の「入口選別」の特権性が克服されたとはいい難い。専門能力の低下が指摘される一方、その処方箋が明確に提示されているわけではなく、採用試験・公務研修・能力評価についての保守的な改善が重ねられてきたのが実態である。九〇年代には事務次官を含む官僚の不祥事が頻発したが、そうした幹部の任用がなぜ起こったのかの検証も十分なされていない。人事行政への科学性の導入はなお古くて新しい課題というべきである。

九〇年代以降の公務員制度改革についてはⅣ章で論ずるが、現代の新しい課題の中には、戦後改革で積み残された項目が少なからず含まれている。

2　政府の構造と発達段階

ここまで、「官吏・公務員」を主として非公選・常勤の「政府職員」としてとらえ、歴史的変化の諸相をふり返ってきた。そこで、やや迂回的な議論になるが、ここから公務員が帰属するところの「政府」の概念・構造・発達段階につき、原理的かつ発展論的な整理をしておきたい。機能に注目すれば、「政府」とは「市民の信託に基づいてその社会全体の意思決定を行い、その意思（ルールおよび政策）の適用と実施に責任をもつ主体」として理解しうる。このことを、いくつかの要素に分解して考えた上で、近現代日本の政府システムの発達を整理してみたい。

「政府」とは何か

まず「政府」（government）とは、英語圏、とくにアメリカでは立法・行政・司法の三部門を含めたその政治社会の統治主体、ないし統治過程を意味する。ただし、州政府を除き地方政府は司法部門をもたない。政府の規模縮小を問題とする場合、行政部だけでなく立法・司法のスタッフ、自治体を含めた公共部門全体を指すことが多い。もっともイギリスでは、議会の勢力配置で野党（opposition）に対する与党内閣を“government”と呼ぶ慣行があり[18]、これは日本における「政府＝内閣＝行政部」という一般的理解に近い[19]。日常的にはこの狭義の使用法が定着しているが、それは内政問題から外交まで、意思決定に対する内閣など執政部門（executive branch）の影響力の大きさを反映している。

かつてH・ファイナーが提示した「政府（統治）とは政治プラス行政である」（Government is politics plus administration）[20]という古典的な説明に従えば、政府には少なくとも政策決定にかかわる「政治的」機能領域と、政策実施にかかわる「行政的」機能領域が並存することになる。そのいずれを強調するかはその国の歴史、制度、状況によって変化し、また市民にとって信頼するに足るか否かといった「政府」のイメージも時代と共に変化する。

二〇世紀初頭以降、アメリカでは「集団の噴出」現象が生じ、社会集団の政治機能が注目され、「政治過程」の概念が提示された。A・ベントレーは『統治の過程』のタイトルで、政治の新しい次元を表現した[21]。彼は近年の「ガバナンス」の概念にも通ずる、統治プロセスの「社会的次元」、つまり政府・政党以外のアクターの役割を重視していた。この視点は、公的制度としての「政府」を社会の諸制度（職能団体、労働組合、企業、教会など）の中で相対化し、国家の意思決定は広く市民社会に開かれている、あるいは開かれるべきだとの見方を基礎にしている。理論的には、H・ラスキなどイギリスの自由主義的な政府観、政治的多元主義に呼応する[22]。

政治思想の系譜からみれば、「国家」と「社会」を峻別し、国家を社会より高い次元に置く戦前期ドイツの国家論と対照をなす。戦前の日本では、ドイツ型の国家論を思想的基礎に政府の諸制度が構築された。「超然内閣」の考えに立つ明治憲法は、「内閣」に関する明文規定を欠き、「官」は絶対制的主権者たる天皇の下、社会集団から区別された存在であった。戦後そこにアメリカ型民主主義の理念が注入され、政府のイメージも少なからず変化してきた。

一方、経済学では公共財の提供主体として非市場型の分配を担う機構が「政府」と理解されるが、機能的には政策の決定（政治）と実施（行政）の両部門を含んでいる。この場合、公共財の提供主体という政府の側面が前面に押し出され、「統治」というニュアンスは弱い。国防や治安も、社会が必要とする一つの公共的な「財」であり「サービス」とみる。そして、純粋公共財と私的財の間にある準公共財（義務教育や医療など）を考えると、今や公共財を含めその提供者は政府（公務員）でも市場（公私企業の職員）でも可能だと考えられている。この見方は、一九八〇年代以降の民営化・外部化などの諸改革に理論的根拠を提供した[23]。

経済学では、理論上「政府」と「市場」は対置される制度であるが、両者の連続性と相互補完性が強調されがちであり、注目点は異なるものの、政府を社会集団と連続的にとらえる自由主義的な政府観と親和性をもつ。すなわち、公共経済学も英米型の政府の理論も、「公務員」を特殊な存在と見ない点で共通している。日本の行政研究者は、民営化や規制のあり方など個別の論点では意見の対立があるとしても、英米的な「ガバナンス」の理論を基本的には受け入れてきた。

「自我」としての政府

こうした政府観の違いは、身体システムのアナロジーを用いることで以下のように説明できよう[24]［図Ⅱ-1］。人格に譬えれば、「政府」とは、政治社会としての人間の脳、心理学でいう「自我」（ego）に相当する。それは不作為を含め行為の決断を行う器官であり、身体各部からさまざまな欲

図Ⅱ-1　政府の構造と人格のアナロジー

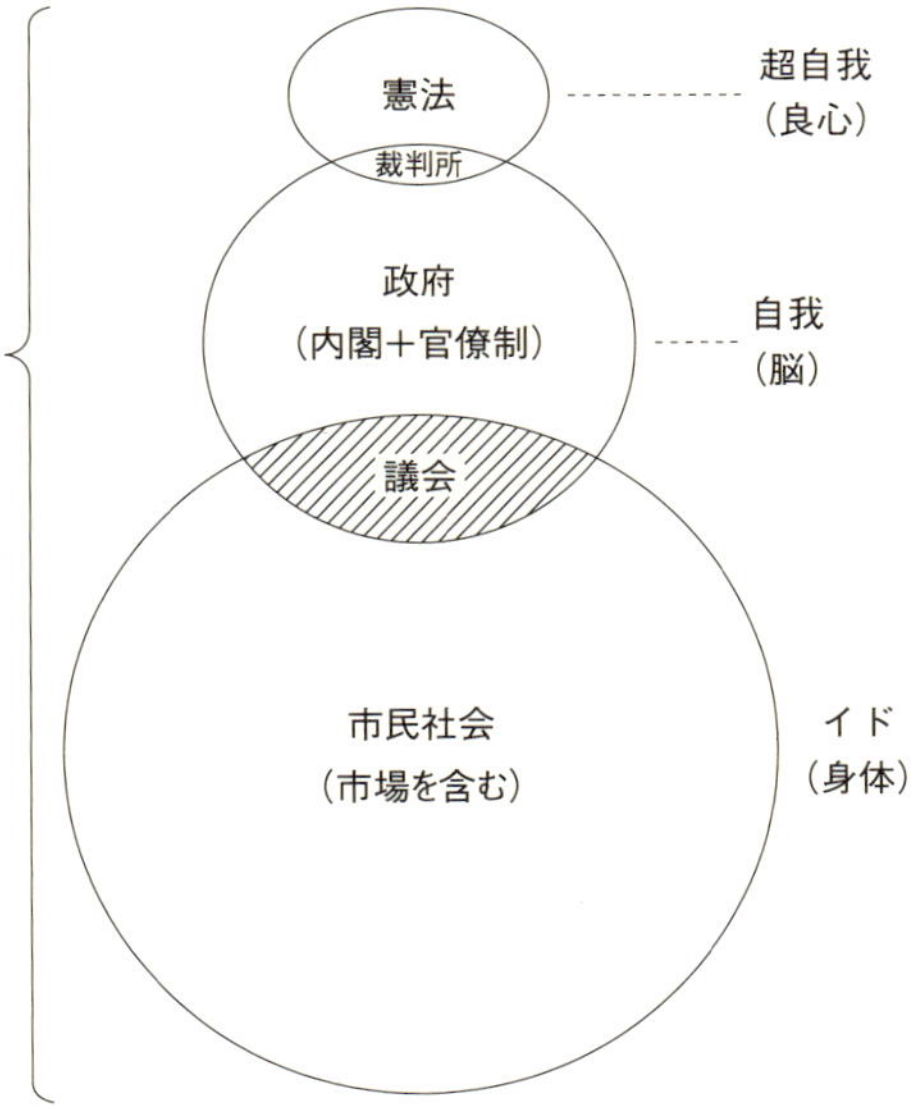

求（id）を受けとる一方、それらを総合的に判断し、話す、食べる、我慢するといった行動の指示を出す。日本で執政部門の内閣や幹部職員が狭義の「政府」と理解される理由は、議会や裁判所と比べ、より日常的・継続的に生存に必要な判断と指示を行っていることと関係する。身体的欲求に対し選択的に応じるという意味で、脳は身体一般と区別される一段高い「国家理性」的器官といえるが、他方、食欲などの欲求を一切満たさなければ脳自体も存続できないという意味で、脳もまた身体に依存する。さらに脳には固有の欲求や病的反応もあり、常に理性的な存在ではありえない。

いま、理性的な自我をドイツ的国家観、身体に根ざす自我を英米的政府観とみれば、両者の見方の違いは、身体と脳との、神経系を媒介とした「自己」(self)というトータルシステムの進化に関係する。そのため政治的近代化の程度は、社会の中で生起する欲求の変化をいかに適切に吸収し、持続的成長につなげていくかというシステムの能力に基礎づけられる[25]。英米の自由主義的な政府観は、市民社会である身体各部の自律神経による分権的な「自治」能力を基礎とするのに対し、戦前のドイツや日本の政府観は、身体各部の欲望増大への不信ないし不安を背景に、強い自我による集権的な「統治」システムの構築を目指したといってよい。

さて、「議会」も政府の一部である。無数の欲求と当人の理性や規範との緊張の中で、自我はその一部を抑え、その一部を満足させるが、その最終決断の前にある控え室が議会に相当する。与野党間で衝突する欲求同士の調整プロセスが洗練されればされるだけ、自己のシステム維持にとってより適切な判断が可能となる。大脳皮質に相当するこの議会が発達することこそ政治の近代化であり、民主化にほかならない。それでも危機や緊急時には、時間をかけた多数者の熟慮よりも、リーダーによる瞬時の判断が求められる。その意味で、身体各部が「快・不快」に基づいて欲求を伝えるのに対し、自我は「損得」の基準でそれらを総合的に計算し、決断する。他方、「裁判所」は「善悪」を判断する場であり、「超自我」(super-ego)に相当する。その根本基準は実質的意義における「憲法」であり、それは個体や世代を超えた経験知のエッセンスとみることができる。

フロイトは「超自我」について、親(厳父)の権威を通して形成される「良心」に相当すると説明している。そのロジックを用いれば、行為の決断を下す「自我」とは、一方で「快・不快」の原則から欲求を伝える身体各部と、「善悪」の基準で行動を規制しようとする超自我の間の、良心の呵責を含む「とりなし」を行う場である。自我の過剰は無気力や抑圧された欲求の暴発というリスクを、他方、自我の弱さは衝動的行動や不決断というリスクを、それぞれ負うと考えられる。政府の役割と市民社会の関係についても、同様のメカニズムが当てはまるであろう。

政府のタイプ

ここで歴史の議論に戻り、官吏・公務員制の発達過程を理解するために、次の三タイプの政府像を提示したい。第一は政府が社会を抑圧的に統制（control）する「抑圧的政府」であり、第二は政府が民主的手続（選挙）に基づく正当性を基礎に社会を管理（manage）する「民主的政府」であり、三つ目は政府が社会の変化に不断に応答することにより持続的に舵取り（steer）する「応答的政府」である。(26) 歴史上の、また現存するあらゆる政府は多かれ少なかれこれらの三要素を併せもつが、何が支配的なパタンかの同定は困難ではない。また同時代の同一政府であっても、政策領域によって政府の活動が別のタイプに傾斜することも考えられる。一般に治安・保安政策はより抑圧的であり、福祉政策はより応答的だといえるだろう。さらにこの三タイプは、政治制度の歴史的な発達段階にある程度対応した類型として把握しうる。(27)

戦後日本の政府システムは、憲法改正をはじめとする諸改革により外形的には「民主的」タイプに転換した。しかし、戦前からの官治集権体制、内閣による調整力不足、議会統制の弱さといった伝統、

表Ⅱ-1　日本の政府システムの発達と公務員制

政府のタイプ ＼ 政府の諸要素	抑圧的政府（明治維新～敗戦）	民主的政府（占領期）	（特殊日本的）自律的政府（独立～世紀末）	（理念としての）応答的政府（1990 年代～21 世紀）
政府の性格	官治・集権・絶対性	GHQ への従属性	官治・集権・閉鎖性	自治・分権・透明性
責任領域の重心	国防・治安・義務教育などの体制管理	占領政策実施 復興	産業政策・インフラ整備などの生産管理	都市・福祉・文化・環境などの生活管理
正当性の根拠	天皇制イデオロギー（絶対性）	GHQ（超越性）	官僚の専門能力（社会との異質性）	政府の応答能力（市民社会との同質性）
官吏・公務員制度の性格	絶対性・特権性 割拠性	民主性 科学性	各省自律型「相互性」	応答性 内閣との協働性
官吏・公務員のタイプ・エートス	天皇の官吏 武士道精神	全体の奉仕者 公僕	中立的国家官僚 省益の拡大と防衛	対話型職員 対市民規律の自覚
国民のあり方	臣民	敗者	受動的国民	自立的市民
政党のあり方	官僚政治に従属	与野党再編	一党支配	政権交代の可能性
問責の契機	危機・災害	GHQ の意向	外圧・行政事件	不祥事・不適正行政
責任応答のスタイル	抑圧・無視 虚偽説明	一億総懺悔「今を生きる」	省益拡大型 政策対応	情報公開・説明責任 不断の政策開発・再編
システム維持の条件	近代化 対外侵出	間接統治 服従・復興	経済成長 財源拡大	市民の政治的成熟 リスクへの対応
システム変容の契機	自己崩壊 敗戦	占領の終了 国家の独立	行政不信・震災 財政危機	政権交代・世論 政治的リーダーシップ

さらに一党支配体制と高度経済成長という政治的・経済的要因により、独特の政府のタイプが現れてきた。筆者はこのタイプを、官僚機構が個々の政策過程を半ば自律的に支配してきたという意味で、「自律的政府」と呼びたい。原理的に、政府の存続には政治社会からの最低限の承認が必要であり、また経済的な意味でその財源を社会に依存するため、およそ自律的ではありえない。だが、戦後日本では経済成長による財源の持続的拡大により、あたかも官僚制が自律的に政策過程全般を支配しうるかのような状況が生じたのである。

［表Ⅱ-1］は、日本の政府システムの発達段階を四つの政府のタイプとして図式的に示したものである。以下、日本の公務員制への理解を深めるべく、政府の四タイプを順にみていきたい。

抑圧的政府

まず「抑圧的政府」（repressive government）とは、政府が第一義的にその政治社会の構成員（国民）の権利や利益に十分な配慮を払うことなく、強制力を含む統制手段を行使するようなシステムのことである。近代の絶対主義下の政府がその典型だが、現代の全体主義国家や軍政下の政府などもその例といえる。そもそも政治秩序は一定の機能と程度において抑圧的なものであり、政府の「抑圧性」とは相対的なものでしかない(28)。しかし、続いて述べる他のタイプと比較したとき、可能な代替案を検討することなく、また危機の回避といった目的との相対的関係を顧慮することなく、抑制を欠いたまま強制力を行使する傾向が強いという点で、このタイプの政府は抑圧的なのである。M・ウェーバーの「支配の諸類型」でいえば、伝統もしくはカリスマ性を正当性の根拠とし、合法的支配から最も遠いタイプと位置づけることができる。

政府が抑圧的となる最大の要因は、その動機の邪悪さではなく、政治社会が直面する課題の大きさと政府の資源の間のギャップに求められる。国家の存続の危機、治安上のリスクなどに直面した際、その政府は財源・スタッフ・経験・知識・時間などの諸資源の貧困ゆえに、国民の人権への配慮を欠いたまま徴兵や動員といった強制策に出ざるを得ない。P・セルズニックらは、抑圧が「自然なもの」であることを強調し、批判の前にまず「同情的理解」(sympathetic understanding)が重要だと述べる[29]。政府が抑圧的となる背景と文脈を検証することにより、政治社会というシステム、政府というサブシステム、国際社会というトータルシステムとの相互作用の中で「均衡」(equilibrium)が成立する条件として、政府の抑圧的性格が理解できるのである。

独立の確保、治安の維持、国土保全(治山治水)といった行政課題は、政府の基本的な機能であり、かつ存在理由でもある。官吏の抑圧性が前面に出たとしても、それだけで政府の正当性が失われることはない。国民が無秩序と混乱よりも抑圧下の秩序を選択する限り、政府への信託は続いていると想定され、統治の担い手もその「権威」保持のために半ば本能的に自己保存策をこらす。ここから「役人的なものの見方」(official perspective)が生まれ、行政上の便宜が優先される一方、国民の利害はそれに従属させられる[30]。だが、政府が実質的な、最低限の平和や安全の確保を超え、秩序の維持と「文化的同調」に固執し続ければ、システム内外の変化への対応に必要な情報や批判は遮断され、やがて別の政府システムへの移行が準備されるであろう。

近代日本の政治史をふり返るならば、明治維新から敗戦までの政府は、国防と治安という「体制管理機能」がその主要な役割であり、典型的な抑圧的政府であった。一九世紀後半から二〇世紀前半の国際関係の中で、独立の確保と国民統合という切迫した課題を引き受け、富国強兵・殖産興業の国家目標を達成するためには、明治政府が利用しうる資源の質と量は余りに限られていた。明治憲法における「臣民権利義務」の制限、内閣の超然的性格、帝国議会の限定的権能、官制大権に基づく官吏制度の身分制的性格などは、いずれも政府の国民に対する敵意というよりも、資源の貧困と「権力の経済学」という視点からより適切に理解しうる。日本の抑圧的政府の結末は、自己改革や革命ではなく、無謀な戦争と敗戦という自己崩壊、その後の占領という形で迎えることになった。

民主的政府と（特殊日本型）自律的政府

次に、「民主的政府」とは、立憲主義の下で政府機能が分割され、相互に抑制均衡が図られ、国民の人権保障がなされる一方、選挙という民主的手続によって平和裏に政府の交代が可能なシステムの総称である。現代の先進諸国の政府は総じて「民主的」タイプに属するといってよく、続いて述べる「応答的政府」はその進化型として位置づけられる。ウェーバーの「支配の諸類型」でいえば、国民の合意を正当性の根拠とする「合法的支配」（government by consent）に相当する。

抑圧的政府との基本的な違いは、統治が「人ではなく法の支配」に基礎を置く点にある。ここで

「法」とは、政治的には投票で選ばれた国民代表による議会の決定であり、裁判所という自律的な専門家集団による裁定を意味する。政府の活動、とりわけ行政活動はこの立法と司法による統制に服することで、新たに「深みのある正当性」(legitimacy in depth) を獲得するにいたる。

セルズニックらがこの段階の法システムを「自律的法」と呼ぶのは、ひとえに法の専門家集団が「政治権力」から自律的な地位を獲得したことによっている。すなわち、法制度は実態面での政治への従属という代償を払って、手続的な面での自律性を手に入れるという「歴史的な取引」を行ったとみる。このことは、程度の違いこそあれ、官僚という専門家集団についてもあてはまる。選挙ではなく「試験」と「資格」によって選別された職員集団は、その専門能力ゆえに政策形成に深く関与し、かつ法や政策の枠内で広範な裁量権を与えられる。C・フリードリッヒが現代の新しい行政責任のあり方として、「機能的責任」(functional responsibility) の考え方を提唱し、当該分野の専門家によるチェックの必要を強調したのも、行政システムの「自律化」を背景にしている。これらは「行政国家」の名前で呼ばれてきた現代政府の諸傾向とも重なっている。

さて、戦後日本の政府は、新憲法により外形的には「民主的政府」の形式を与えられ、立憲主義、民主主義、法治主義の諸原則に立脚することとなった。だが実態からみると、立憲主義に関しては議会による行政統制は弱く、民主主義に関しては普通選挙による政党政治は確立したものの、自民党の一党支配体制が長期に持続し、法治主義に関しても官僚機構による行政立法や行政指導が日常化し、それぞれ本来の理念が深く浸透したとはいいがたい。むしろ、戦後復興と経済成長という課題から行政機能の拡大と専門化が要請され、その結果、戦前の超然内閣とも異質な「官僚制の自律化」が顕著となった。法システムの自律化が、司法権の独立、法曹の専門職業化（professionalization）という世界共通の歴史の中で社会的承認を受けてきたのに対し、「官僚制の自律化」はそのままでは正当性をもち得ない点が最大の違いといえる。

そこでこの制度状況を、立憲主義、民主主義、法治主義という原則からみて大きな問題をはらんだ政府のあり方ととらえ、批判とアイロニーを込めて「自律的政府」と呼ぶことにしたい。この評価の背後には、「政府」とは本来自律的ではありえず、あってもならず、政治的に国民の信託を受け、財政的にも社会に依存していることからいって、一種の形容矛盾になるとの認識がある。ここで自律化しているのは官僚制であるが、官僚制があたかも政府そのものであるかのような実態を含めて、「自律的政府」と称するのである。なお、この時期には政府の責任領域の重心が「体制管理機能」から「生産管理機能」に移行し、政府機能がよりソフト化し、専門化した。この事情が自律的政府の正当性を支えたことも否定できず、「自律性」には反語的なニュアンスも含まれる。

このタイプが「特殊日本的」なものかどうかについては、簡単には答えにくい。「行政国家化」は世界共通の現象であり、官僚制の相対的優位についてはフランスやドイツにもあてはまる。途上国では官僚制による舵取りを梃に経済発展を推し進める例は多く、その意味で「自律的政府」は海外にも数多く観察される。しかし次のような二重の意味で、日本独特の政府形態と考えられる。一つには、高度成長に伴う税収の持続的な拡大が官僚制による自由な政策展開を可能にした。もう一点は、公共事業の展開に見られるように、敗戦に伴う国土とインフラの破壊により、「道路か鉄道か」、「港湾か空港か」といった優先順位をつけることなく、「あれもこれも」という全方位への政策展開に道を拓き、各省が自律的に事業を立案・実施することを可能にした。驚異的な復興と経済成長は、海外の研究者が「日本の奇跡」、「ジャパン・アズ・ナンバーワン」と呼ぶほどの成果を生んだ。自律的政府の実態は、行政指導のように日本固有のパタンとして広く知られることになった(31)。

応答的政府

「応答的政府」とは広義の「民主的政府」の一種であり、その進化型に位置づけられる。ただしその特徴は、都市化の進展と市民社会の成熟を受け、責任領域、正当性の根拠、問責のあり方、高次元の応答のスタイル、システム維持の条件において少なからぬ変化が生じている。「民主的政府」が通常「責任政府」(responsible government)であるのに対し、ＯＥＣＤは一九九〇年代の先進諸国での変化を背景に、“responsive government”の呼称で新しい政府のあり方を提示した(32)。とはいえ、各国ともこの理念の具体的な制度設計については試行錯誤の段階にある。制度として定着している選挙や議会政治などの「民主的政府」の責任原理からみると、より高次の応答性を目指す「応答的政府」は依然「あやふやな価値」(precarious value)ともいいうる。

応答的政府への移行には、責任領域の重心が体制管理・生産管理から福祉や環境、文化といった「生活管理機能」にシフトしてきたことが関係する。社会の価値観と行政ニーズの多様化、違法ではないが市民にとっては許容しがたい公務員の「不適正行政」(maladministration)の増大、政策過程への参加要求への応答をこの段階の政府は迫られている。かつてC・フリードリッヒが提唱した、行政官が市民感情に直接応答する「主観的・政治的責任」への期待が高まる一方、議会や司法の統制に加えてオンブズマン機能の強化など、きめ細かな応答方法の工夫も求められている。政治行政は不断の課題設定と政策再編により、移り気ともいえる市民の要望に応答し続けなければならない時代に入ったといえる。

「応答的法」は、「正当」なだけでなく「有能」でなければならず、また「開放性」と「制度的一貫性」(integrity)の相克を経験するとのセルズニックらの指摘は、そのまま応答的政府にあてはまる。[33]応答的法が単なる抽象的理想ではなく、歴史的な差し迫った必要に根をもつと述べているように、[34]応答的政府もまた、環境の変化を吸収して進化を遂げなければシステムとして持続困難となるような、歴史的・現実的な挑戦に直面している。

日本の場合、他のOECD諸国と同様に、社会経済のグローバル化、効率化への圧力、財政その他利用可能な資源の減少、政府への信頼の低下などの難題に直面しており、現在の政府の応答性をどう高めていくかは共通の課題である。だが、すでに議会統制や政治指導を確立した欧米諸国のように、「民主的政府」という確かな基盤の上に応答型のシステムを増改築(add-on)すればよいというわけではない。むしろ、戦後改革でやり残した民主的政府の確立という課題に向き直り、半世紀にわたり続いた特殊日本的な自律的政府の問題点を克服しつつ、正当性と能力、手続的正義と実質的応答性という緊張の中で、内からのシステム構築（built-in）を進める必要がある。政府をより応答的にする戦略に分権化があげられるが、その困難は過去二〇年の分権改革の経験が物語っている。

公務員制の改革は、自律的政府から応答的政府への移行を左右するきわめて重要な課題である。民主的政府の確立が不十分だったという歴史的現実は、その後の制度の展開に影を投げかける。批判的に見れば、民主制の衣服をまといながら、実質は特権的な官吏制度に部分修正を重ねてきたことになろう。だが見方を変えれば、戦前の後見的な官吏制度が、戦後の経済成長に支えられて独自の進化を遂げ、民主制・自治制と妥協を重ねつつ、萌芽的ながら応答型政府への階段を上り始めた、と見ることもできよう。モデルはすでに欧米にはなく、日本人自身が道筋を考えるべき課題である。

3　官吏・公務員のタイプと変容過程

以上の政府システムの変遷に対応させつつ、ここから日本の官吏・公務員（制）を類型的に説明していく。各段階の公務員（官吏）のタイプは、それぞれ「天皇の官吏」、「中立的国家官僚」、「対話型職員」と呼ぶことにしたい。

抑圧的政府と「天皇の官吏」

まず、戦前期の政府は、独立の確保・治安の維持・近代化の推進という課題に対し恒常的な資源不足にあったことから「抑圧的」であった。先にも触れたように、抑圧的政府の官吏が民衆への抑圧と強制の意図をもっていたとはいえず、むしろ官選知事をはじめ地方官には仁政・善政を旨とする「牧民官」思想が浸透し、後見的で非権力的な臣民の馴致を目指していた[35]。同じ内務省でも、警保局の官吏は取締り業務が中心で抑圧が前面に出ざるを得ないが、警察への社会の期待には「丁寧」を主とし、人々の自治を促すべく「温和信愛」を求めるものもあった[36]。「巡査さん」という呼称に込められた日本独特の警察への親密感は、常に現実の反映ではないとしても、あるべき官吏像の一面を示していた。一九二〇年設置の内務省社会局をはじめ、大正以降に「小農保護」の考え方が有力となる農商務省でも、統治のスタイルは馴致と慰撫に近いものであった。

戦前期の官僚を表わす「天皇の官吏」という言葉は、統治者である天皇の地位およびイメージと不可分である。天皇は「神聖にして侵すべからざる」絶対君主であり、統治権の総攬者である一方、その赤子たる国民に対し「大御心」をもって接する現人神でもあった。天皇制イデオロギーには、西欧の近代国家がもつ合理化の契機が弱く、「八紘一宇」の言葉が示すように家族主義的な傾向を帯びていた。もっとも水谷三公によれば、「天皇の官吏」とは明治以来の言葉ではなく、実際には昭和七年頃から使われ始め、当初は「きざな言葉」と見られていたという。「陛下の軍隊」、「陛下の警察官」という言葉もあったが、軽々しく使うことへの反発もあり、官吏が自称する語としての「天皇の官吏」は、きざを超えて不遜かつ不敬でさえあった。特に企画院を拠点に戦時統制経済を謀った革新官僚たちがこの言葉を用いる時、政党や内閣を迂回して意思決定の中枢に迫る野心と裏腹であり、天皇自身の憂慮を生んだことも伝えられている。

抑圧的政府の下では官吏の身分保障は弱く、政党内閣による政治的人事で自らもしばしば抑圧を感じていた官吏にとって、「天皇の官吏」は権力に接近するレトリックでもあった。その意味で、官僚による「自律的政府」は戦後改革を起点にするというよりも、戦時体制に胚胎していたとみるべきであろう。

自律的政府と「国家官僚」

戦後改革により、官吏は自称「天皇の官吏」や非官吏を含め、すべて「国家公務員」となり、「全体の奉仕者」と位置づけられた。両者の違いと連続性についてはいくつもの議論があり、分類上の変化も含め整理は容易でない。だが、その幹部の性格が戦前も戦後も「国家官僚」であるという理解は一般的といってよいだろう。用語としてみると、批判を込めた「官僚国家」や「官僚内閣制」の語が多用されているが、ここでは官僚国家の中核的担い手という意味で「国家官僚」の語を用いることにしたい。

一九五五年に農林省に採用された佐竹五六は、和田博雄らに代表される戦前の革新官僚の延長上に使命感にあふれる戦後の「国士型官僚」が生まれ、その後五五年体制の下でいわゆる「党高政低」に移行すると、理想よりも事務能力・情報力・交渉力・調整力に長けた「リアリスト官僚」が台頭してきたとふり返る(37)。その背景として、いかに合理的な法案や政策案といえども、政治家や圧力団体の支持と反対がぶつかりあう戦後の政治状況下では、官僚たちが必要だと考える政策の実現は容易ではなく、彼らにも「落としどころ」についての政治的・現実的な判断力が求められるようになった点があげられる。

一方、内務官僚から戦後警察官僚を経て政界に転じ、官房長官・副総理などを務めた後藤田正晴は、「天皇の官吏」の思想の残滓が依然消えていないと述べる。戦後、「包括概念としての国民に対して、役人は奉仕する」という理念の逆転から五〇年が経過しても、「役人自身の頭がなかなか切り替えできていない」と嘆じている[38]。このことは、実態レベルでの戦後の政治行政上の変化と、実感レベルでの官僚の使命感・自己イメージとの乖離にも基づくものであろう。後藤田は戦前と戦後、政と官の双方の経験を踏まえ、政治家の判断が常に正しいわけでもないと断りつつ、官僚に決定的に不足しているのは「視野の広さ」であり、その理由として「役所の窓からしか物事を見ない」ため、国益という名の省益の保護に流れがちとなる傾向を指摘している[39]。

政党政治の浸透や社会集団の圧力の増大を考えると、「自律的政府」とは官僚の実感からほど遠い言葉かもしれない。だが、海外・戦前・近年の状況と比較する時、仮に唯我独尊ではないとしても、戦後日本は各官庁にとって自由な政策展開が飛躍的に拡大した時代である。平和という基礎条件、一党支配による政治的安定、新規課題の持続的発生、増大する財源、各省人事の自律性などの面で、自律的な行政運営が実現したのが独立後の日本であった。その際、政治から中立的な行政を担う「国家」の官僚であるという自覚は、国士型・リアリスト型を問わず官僚の自己イメージと重なる。「国家官僚」には「天皇の官吏」のような宗教性は弱い半面、機能的な「政府」とは区別され、国士と国民を包含し、曖昧で半ば聖化された有機的「国家」イメージが基礎にある点も否定できない。戦後から少なくとも一九六〇年代までは、復興と経済発展という合意された国家目標が存在していたことから、このイメージは官僚の使命感を鼓舞する観念となった。

だが、松下圭一が論ずるように、「官治・集権型の絶対・無謬・包括性」をもつ日本の「国家」観念は、「自由・平等な個人の自立、つまり自治・共和からなる『市民社会』観念と、決定的に対立する」[40]。この点は、「対話型職員」への移行との関係で留意しておく必要がある。戦後改革では、国家観念の連続性に媒介されつつ、敗戦というリセットによって諸制度の刷新がごく短期間に遂行された。だが、現代の改革には戦後も持続し定着した官治・集権システムからの実質的な脱皮が必要であり、今後さらに十年単位のとり組みになると予想される。

応答的政府と「対話型職員」

自律的政府から応答的政府へのシフトは、高度経済成長の矛盾が現れる一九七〇年代には胚胎し、公務員への不信が高まった九〇年代に顕在化したと考えられる。だが、その後の改革で着地点が見えたわけではなく、政官関係や人事行政機関についてもなお試行錯誤の段階にある。「全体の奉仕者」という理念を否定する者はいないが、それを補完し新しい時代の風を吹き入れるような的確な言葉も見つかっていない。OECDが応答的政府の指標として強調する「顧客への情報提供」、「アカウンタビリティ」(説明責任)、「苦情対応」、「参加」、「相談」などのコンセプト[41]を総合するならば、新しい段階の公務員を「対話型職員」と呼んでも的外れとはいえないだろう。

この表現は、法令などの公式語としては人文的に過ぎ、「天皇の官吏」とは異なる意味で「きざな言葉」ととらえる向きがあるかもしれない。だが、行政活動の透明化と説明責任の強化が不可逆の流れとなった現在、「対話」は単なるレトリックを超え、国の幹部から自治体の現場職員まで、公務員の実質的な能力・姿勢・倫理の中核に位置する理念にもち上がったと考えられる。言葉が生命ともいえる政治家には、なおさらである。対話は政府の応答能力を支え、透明性と相まって政策開発を助け、職員と市民双方の自立と成長を促すであろう。

「対話型職員」の条件にかかわる論点として、次の五点をあげておきたい。まず前提として、内閣の国会に対する応答責任、裏返すと国会による行政統制の強化が不可欠である。日常的に見られる国会審議での大臣の説明力不足を考えても、組閣時における閣僚候補者の資質審査の現状は放置できない。第二に、幹部職員に関しては、大臣以下の政治家に対する専門性に基づく補佐・助言・説明の力量が求められる。それは平時のみならず、災害・事故発生などの緊急時を含め、あらゆるリスク対応を念頭に置いた柔軟でリジリエントな専門性が基礎となる。第三に、現場の職員についていえば、個別の決定・処分・指導等について基準と理由を明らかにし、苦情や要求に対して説明と対話を重ねる「対市民規律」が求められる。個別案件への対応から政策評価・事業仕分けなどの活動が双方型になるように、政策の立案・実施・評価・修正・合意形成といったプロセスの諸段階においても、対話は重要な条件となる。

第四に、対話は個々人の自覚・能力・倫理の問題であると同時に、任用・研修・評価などの人事システム、さらに中央地方関係、政官関係、情報公開、行政手続に関する「制度」の問題である。より効果的な仕組みの構築に向け、不断に検証するマネジメント力が不可欠となろう。第五に、応答すべき相手には、政治家や市民に加え、市場や世論という一見抽象的な、しかし政治に対し巨大な影響力をもつ対象も含まれる。こうした複合的な対象への応答責任は相互に矛盾することがむしろ一般的であり、西尾勝の表現を借りれば、「責任のディレンマ状況を克服する責任」[42]が日常的に問われることになろう。

公務員制が二律背反のディレンマに直面する時、一体誰がいかにその克服策を考えるのか、答えは簡単ではない。天下り根絶が世論であり、内閣の方針だとしても、そこから人事システムの再構築や幹部職員の処遇、定年・年金の改定を政治家が真剣に考えてくれるとは限らない。それらの困難な現実について、メディアが詳しく報じることも期待しにくい。個々の公務員が日本では財政破綻の可能性などないと考えているとすれば、危機感の欠如というべきである。自律的政府の下で組織への依存が染みついた職員に求められるのは、言葉の素朴な意味で市民的な自立であろう。

応答的政府に関する議論のまとめとして、先の表に記した二点に言及しておきたい。第一に、二〇世紀中はさほど意識されず、実感を伴わなかった「リスク社会」が今や現実のものになったという事実がある。大規模災害・原発事故・財政破綻、さらにテロや戦争といったリスクの回避と危機対応こそは政府本来の役割である。少子高齢化などの中長期的な課題にとり組みつつ、危機への対応能力をどう高めていくか、その方向を示すべき政治の側に「全体の奉仕者」としての利他的な発想と判断力は備わっているのか。職業公務員には人事・組織・財政の面で入念な準備と、政治を補佐し、時には政治家に直言する勇気も求められよう。

加えて、政府が応答能力を通して効果的な政策対応をするためには、対話の相手方たる市民の政治的成熟も無視できない。市民とは実体というより「期待概念」と指摘されるように、成長途上にある多様な人々を含み、その能力を過小評価することも幻想を抱くことも適切ではない。近年「協働」が強調されるのは、公共サービス提供における市民（社会）への期待の高まりといえるが、他方、差別やヘイトスピーチなどで一部市民のモラルの劣化も懸念される。かつて「官」に大きく依存し、それゆえ官の自律化を許し、その後に官を手厳しく批判し始めた市民が、官から脱皮した「公務員」との対話を通して建設的な関係をどう築くことができるのか。その可能性も含め、以下戦後公務員制の展開を追っていきたい。

Ⅲ章 分権型人事と公務員制の自律化——各省庁と人事院

本章では、戦後改革から二〇世紀末までの約半世紀の間に公務員制がどのように形成され定着していったのか、その経緯を制度の「自律化」という視点から跡づけたい。考察の対象となるのは、この制度の運用のコアに位置する人事院、各官庁と人事院の関係、各省およびグループ単位で行われる分権的な人事管理の実態、個人の回想の解釈、および公務員法の基本理念とされる民主性と効率性の動向である。

かつてP・セルフが、「政治は変化と不確実性の領域であり、行政は安定とルーティンの領域である」(1)と論じたように、決断と変革による断絶面の多い政治と対比した時、行政はゴーイングコンサーンとしての持続的ルーティンに特徴がある。環境変化との関係からみると、行政は連続的な変化であれば日常の対応で吸収し、あたかも重いローラーが地面の凸凹を鎮圧しつつ前進するように、慣性の力で秩序を維持し問題を処理する。他方、一たび動き出すと方向転換は困難となり、停止の指示にもすぐには従えない。この活動のスタイルは政治に対する「管理」(マネジメント)、改革に対する「改善」に相当する。ルーティンを超える非連続の変化、例えば倒木が生じれば非日常の作業が必要となり、地震で地割れが生じれば異次元の対応が求められる。その場合、行政内部に変革への期待があれば、事件発生は不都合な政治の介入というより改革のチャンスになる。

公務員給与の決定システムを例にとれば、人事院勧告が改善率で概ね勧告どおり実施され始める一九五五年頃から自律化の道をたどる。その後、第二臨調行革中の一九八二年、政府による人勧凍結により存続が危ぶまれたものの、四年後には完全実施に戻った。この「事件」は、当時の政治と世論の変化に対する新しい応答スタイルといってよい。行政システムが政治という外部からの介入を受けることなく、日常的な運用で環境の変化を吸収することができれば、その制度の自律性は高い。多少の非能率や無駄が生じていても、それが争点化せず、一種の「無関心圏」として消極的承認が続く限り、制度の自律性は影響を受けない。その場合、制度改革のコストを要しないという意味で、自律化は効率性というプラスの価値を帯びる。岡義達がメリトクラシーを例に「制度化政策」の効用について指摘するように(2)、自律化した制度にはそれ自体で効率性と便宜性をもつ。

戦前の抑圧的政府の問題点は、藩閥官僚の時代から資格任用による近代的な官吏制度に移行したものの、政党勢力の伸張や軍部の台頭という変化に対応できず、改革を果たせないまま無謀な戦争に突入した点にあった。むろん責任の大半は内閣の統合力不足、天皇制が内包する無責任体制にあったが、官僚制内で適切な人材配置を行い、内閣に専門的な助言をする回路がなかった点も看過できない。政党勢力に代って台頭した革新官僚は戦時動員計画を立案して統制経済路線を敷き、戦争遂行に加担していった。資源関係では、農商務省山林局の技術者が軍部と直接つながり、国有林経営の「保続」原則を放棄して戦時大増伐に邁進したことも、遠因は身分上の事務官優位と技術者冷遇という官吏制度の矛盾にあった(3)。

国家の近代化にとって司法権の独立が重要な条件となるように、行政の専門化・高度化が進む現代では公務員制度が一定の自律性をもつことは不可避であり、必要でもある。だが、それは何からの、また何のための自律性なのか。その影響はどこまで及ぶのか。それ以前に、そもそも自律とは依存と対立する概念なのか。「官」が自律化する一方で職員個人は組織依存を深めるという逆説をどう説明するのか。以下ではこうした問いを念頭に、戦後公務員制の歩みをふり返りたい。

1 人事院の独立性と相互依存

公務員制の自律的性格は、戦後改革期とその後の小さな事件を除けば、幹部人事への政治的介入の少なさ、政党政治からの分離、そして政治が主導する改革の困難に現れている。戦後日本は急激な工業化・都市化の波に洗われ、経済や生活環境は激変したが、公務員の採用・育成・配置に支障をきたすことはなく、人材獲得競争においても概ね民間より優位に立ってきた。一九五〇年代に始まる高度経済成長が「自律的政府」を支えたことは先に述べたが、成長が鈍化し財政赤字が顕在化する七〇年代以降も、上述の人勧凍結の時期を除けば、民間準拠による給与制度の運用に混乱は生じていない。

平和の持続、一党支配体制、社会経済の相対的安定という条件に依存していたとはいえ、二〇世紀末までの公務員制は、政治からも社会経済の状況からも自律化の道を歩んだとみてよい。

「制度の自律化」再考

一般に制度・組織が政治から一定の自律性を得るためには、法令による制度保障、組織が有する専門能力、情報力、資金力などが基本的な条件となる。司法制度が代表的だが、制度の自律化はしばしば政治権力との「取引」を伴い、管轄範囲や機能面での限定と引きかえに制度運用上の自由を獲得する。また、社会から支持を得るにはその役割への承認と一定の時間も必要であり、近年は世論やメディアの批判に対する応答性も求められる。公務員制の場合、具体的にどのような制度・組織がどのような契機で自律性を高めていったのだろうか。

まず、設立時から高い独立性を与えられた人事院が解体論を乗り越えて現在まで存続し、採用試験・給与・研修等に関して公務員制のレールを敷設・保守してきたことの意義は大きい。確かに職階制が未実施のまま廃止された点で、人事院は専門性において一つの限界に直面した。他方、給与における級別定数（各省内での等級ごとの定員）の管理では、担当（給与第二）課長に大蔵（現財務）省の出向者を受け入れる形で間接的な統制を受け、定員管理は行政管理庁（現総務省）の管轄とされるなど、人事院は他の制度官庁との相互依存関係の中で自律性を保ちえたことになる。GHQというスーパーパワーの消滅後、人事院は単独で独立性を維持し続けるリスクを負うよりも、いわば「依存先の多元化」によって政府内での地位（居場所）を確保し、結果的に安定化を図ったとみることができる。これら制度官庁と、個別の人事管理に責任をもつ諸官庁との相互性に基づく人事システムに対し、外に位置する政治部門は実質的な影響力を行使できなかったのである。

次にゴーイングコンサーンの視点からみると、日々の仕事の存在、増大する業務の圧力があげられる。敗戦による混乱が続く中で、各官庁が急増する任務を引き受け、復興後も社会管理の前線で活動し続けた事実は大きい。大蔵省はインフレ対策と金融機関の再建、商工省（四九年より通産省）は傾斜生産方式に基づく石炭・鉄鋼など基幹産業の育成強化、農林省は食糧増産と農地改革といったように、押し寄せる諸課題に対し急場の対応で人を配し、人事制度の運用もその都度修正されつつ定着していった。抜き差しならない日常の中で、業務遂行の実績とそれを通して蓄積される執務知識が正当性の根拠となり、政治の介入を回避する契機となった。客観的な能力評価制度がなくても職員の実質的な評価はなされ、研修プログラムを欠いても日々の仕事が職員の実務能力を鍛え、自転車が自走しながらギアチェンジをするように、人事制度の修正が現場で進んでいった。その意味で、業務遂行に並行した公務員制の制度化と自律化だったということができよう。

『一九四〇年体制』の著者野口悠紀雄によれば、戦時体制の戦後への持続・継承は統制経済だけでなく、金融・企業・農地制度から革新官僚の思想まで広範にわたり、公務員制度改革に際しても官僚組織は巧妙に立ち回ったといわれる(4)。軍部と内務省は解体されたが、経済官庁の多くは生き残った。言うまでもなく、戦後史をとおして官僚制改革に強力な政治的介入をなし得た唯一の例外はＧＨＱである。その影響力を軽視することはできないが、間接統治の下、アメリカ型の制度への移行がどこまで貫徹し得たのかについては、制度立案現場と各省人事の現場での詳しい観察が必要となる。戦後公務員制は、人事院と各省人事部門との棲み分けによって徐々に均衡点が見出されていく。

岡田彰はその過程を「フーバー案の日本化」と呼び、次のように要約している。「内閣の事務を『分担管理する』各省を、内閣から独立した『院』によって人事面から統括するというフーバーの構想に対して、逆に、並列的な各省官僚制が、これを排除したということになるのである(5)」。仮に新しい「体制」への移行が一九四〇年に始まっていたとすれば、職階制に代表されるアメリカ型の人事システムが旧来の制度基盤にとって代わることの困難は、十分予想される事態であった。

さらにレトリカルな次元において、公務員が「全体の奉仕者」と位置づけられたことも政党政治から人事行政が自律化する契機となった。一見漠然としたこの理念は、党派性を帯びる政治ではなく、中立・公正な全体への奉仕を強調するという点で、政治の介入に対抗するシンボルになりえた。首相や大臣の指示に対し、「全体の奉仕者」を盾に抵抗するのはきわめて危険なことではあるが、司法の独立がそうであるように、時に国民への奉仕になる場合も考えられよう。

「S−1試験」と人事院の試練

さて、一九四七年の国家公務員法附則により発足した臨時人事委員会は、翌四八年の同法改正により「人事院」(National Personnel Authority)として再出発した。人事院は、内閣が任命する三人の人事官からなる合議制の組織であり、広範な準立法権と準司法権を与えられた。その独立性は憲法機関である会計検査院に比せられることもあるが、あくまで内閣の所轄の下に置かれ、その地位は戦後史の中でゆれ動く。

四八年の改称は、暫定的で弱い響きのある委員会の名称を嫌ったB・フーバーによる一種の権威づけとされるが、この経緯はその後の人事院の歩みを暗示するものとなった。すなわち、一九五〇年には早やその独立性に対する疑義が生じ、占領が終結する五二年には臨時行政改革本部から人事院を人事委員会に戻す案が出されるなど、解体論は伏流水のごとく二一世紀までくり返し提出されることになる。

とはいえ、人事院が導入しつつあった科学的人事行政の専門知識が、それ自体で権威を帯びるほどに有益であれば、憲法機関である会計検査院のようにいわば孤高の行政組織としての歩みを進めることも不可能ではなかった。だが実際には、以下に述べるように、他の官庁にとって有益というより有害と思わせる出来事を人事院自らが起こすにいたったのである。F・E・ロークは、官僚制組織の権力の源泉を「専門性」と「政治的支持」の中に見たが[(6)]、専門性は社会との異質性に、政治的支持は社会との同質性に基礎をもつ。日本の独立によりGHQという後ろ盾を失った人事院が、その後霞が関の中で安定した地位を確保するためには技術的な洗練度を高め、他では得られない有益さを証明するか、政府内外からの政治的支持を獲得するかの二つの路線があったと考えられる。初期の人事院は、前者、つまり職階制の立案に見られるように、当時の日本の行政組織とは異質な科学的人事行政の試行により、その自律化を目指していた。

発足間もない人事院が行った一回きりの試行に、国公法附則第九条に基づく公開競争試験がある。これは「S-1試験」(Supervisor 第一回の意味)と呼ばれ、官職を一般行政・総務・人事・税務・警察など六〇種類に区分し、次官・局長級から部長・課長級までを対象に、空位官職への採用試験として五〇年一月に実施された。申込者数は一万二〇〇〇(重複のため実人員は八〇〇〇)人を超え、二次試験と追試を経て、人事院が指定した二四六四の官職にのべ九三三六人が合格し、二一七五人が不合格とされた。その結果、再任者は一八三一人(再任率七八・二%)となる一方、課長級以上の在任者のうち五一〇人が失職することになり、その中には片山潜内閣で労働省初代婦人少年局長に就任した山川菊枝も含まれていた。他方、民間からの任用は一八人にとどまった[7]。

実施に先立ち人事院は、その指定する官職に在任している職員は「臨時的に」任用されたものとみなすこと、試験結果に基づき候補者名簿を作成し、任命権者は高得点者三人のうちから選択しうることを人事院規則で示した。だが、元内務官僚で後に人事院総裁となる佐藤達夫法制意見(後の法制局)長官などから強い反対意見が出される。その批判とは、同試験が現任職員の職務遂行能力を検定し、適格性を欠くと判定された者の排除を目的としていることは適切とはいえず、採用時のような公開競争試験と解することはできないというものであった。さらに、吉田茂首相も一九四九年一二月一三日付マッカーサー宛書簡「翌月の上級公務員試験の延期を望む」で、同試験は現任職員の適格審査のみを目的とするもので、市民の選抜と任命に門戸を開いた競争的なものではないと解すべき旨伝えている。しかし、GHQと人事院の間で秘密保持的に「S-1試験」と呼ばれた公開試験は予定どおり実施され、近代日本史上稀に見る「開放型任用」の実践例となった。

S-1試験実施の背景には、GHQの意向以外に人事院の特殊な人的構成がある。人事院は国家行政組織法の適用を受けず、国公法により三人の人事官について「その中の二人が、同一政党に属し、又は同一の大学学部を卒業した者となることとなってはならない」とされている。実際、三人の初代人事官は、総裁の浅井清が慶應大法卒の同大教授、山下興家が東大工卒の技師、上野陽一は東大文卒の経営学者でF・テイラーの『科学的管理法』の訳者であり、学閥として問題視された東大法卒はいなかった。加えて人事官には、公正取引委員会など他の行政委員会の委員よりも強い身分保障が与えられた（実際の在任期間も長く、歴代総裁の平均在任期間は約六年である）。人事院の前身である臨時人事委員会は、初仕事として事務局職員に二五〇人の新人を全国から性別、年齢、学歴を考慮せず競争試験により選抜し、新任職員と各省人事担当者四〇〇人に対し、一九四八年二月から五月にかけて大規模な研修を行っている(8)。人事院という新しい革袋の中で、戦後公務員制というワインの熟成が図られたことになる。

だが、高文官吏追放の「時限爆弾」とも言われたS-1試験に対する各省の反発は強く、伝統的な入口選別制と身分保障への脅威と受けとめられ、官僚による反撃の体制を固めさせる結果となった。こうして人事院は、発足数年にして厳しい解体論に直面することになる。具体的には、一九五〇年の行政制度審議会による「人事院の独立性を再検討すべき」旨の答申、五一年の政令諮問委員会による人事院廃止と人事局設置案、五二年の第一次行政審議会による総理府外局への移管案、同年の臨時行政改革本部による人事院廃止及び人事委員会設置案、五四年の公務員制度調査会による権限縮小案と続く。

主な論点は、人事院の強すぎる独立性が内閣による人事行政の責任体制を害していること、および毎年の給与勧告が労働運動を助長し、政府を苦しめているという点に要約しうる。他方、野党や組合の側からは、公務員の利益保護や給与の改善において、人事院は本来の役割を果たしていないと批判され、毎年夏の給与勧告の時期には人事院ビルの廊下に座り込むなど、実力行使もなされた。

解体論と圧力活動が渦巻く中、独立・中立・公正を旨とする人事院のとった戦略とは、党派的な言動を避けつつ、あくまで科学的・専門的に公務員制度を構築し、定着させることであった。その試みの中心に位置していたのが職階制の確立であるが、結局それは早い段階で挫折し、それを触媒として形成されたのが「給与法体制」であった(9)。

職階制の挫折と給与勧告制度の定着

当初、戦後公務員制の「基幹的な制度」とも呼ばれた職階制とは、多様な官職を職務と責任の異同に基づいて詳細に分類し、必要な資格要件を定めることで能力の実証に基づく採用と昇任、および給与への反映を可能にする科学的人事システム、と要約しうる。それは開放型任用制をとるアメリカ連邦政府で開発された制度であり、生身の「人」の存在を前提に「職」(仕事)を割り当てる閉鎖型の日本の慣行とは相容れない性格をもっていた。民間にも共通する慣行だが、アメリカの「ジョブ型」の雇用に対し、日本での入省・入社は「メンバーシップ型」である。しかし、フーバー顧問団はアメリカ型の厳格な移植を試み、設立間もない人事院は一九四九年から客観的な職務分類の作業に着手した。五〇年には職階法が制定されたこともあり、給与局職階部では一時三〇〇人を超える職員がその構築に従事していたといわれる。その経緯に関してはいくつも詳しい研究があるが、結局その本格的な実施を見ないまま、担当の職階課は九一年に消滅し、二〇〇七年には制度自体が廃止となった。なお、職階制が根づかなかった理由に関しては、本章の末尾でとり上げたい。

立ち枯れ始めた職階制の根元付近から芽吹いていたのが、職務と責任に応じて給与を決定する暫定的措置としての給与法体制であった。公務員の給与は、一九四六年に設置された大蔵省給与局の所管とされ、これとは別に四八年に内閣直属の新給与実施本部が設置されていた。両者のラインは戦前から続く年功重視の人事と親和的な給与体系を形成していくが、それは客観的な「職」を基本に据える職階制とは似て非なるものであった。ところが、四九年末までに二つの組織は廃止され、給与事務は人事院に移されることになった。やや技術的な話になるが、川手摂によれば、五〇年の一般職給与法のもとで俸給表の種類が増える一方、級の数は一五から八に簡素化され、等級別標準職務表が新設されて給与の等級と職位（事務次官・局長・課長などのポスト）との結びつきが強化されることで、給与制度の整備が進み、堅固化していく(10)。大蔵省の土壌で育った給与制度が人事院に接ぎ木され、立ち枯れ状態の職階制に代わってその業務の柱になっていったと解釈できよう。

では、給与勧告制度はどのように形成され、定着していったのであろうか[11]。大蔵省給与局が設置された四六年当時は超インフレ下で労働組合の結成が相次ぎ、公務員給与は激化する賃上げ要求に政府が慣れない団体交渉に臨む形で、新しい秩序の模索が始まった。四七年の二・一ストが未遂に終わると、団交による給与決定は禁止され、代わって臨時人事委員会が中立的立場から「官民均衡」の原則と生計費をもとにした給与改定案を政府に勧告した。これが人事院勧告の原型となるが、その立案作業および実施過程とは、同委員会・与野党・大蔵省・GHQの民生局（GS）公務員制度課および経済科学局（ESS）労働課の間の交渉と妥協にほかならず、半ば「団交の内部化」という性格を帯びていた。

四九年の第二回勧告は人事院により出されるが、ドッジラインによる緊縮財政下のため実施されず、第三回も内閣・人事院・大蔵省で異なる給与法案が出されるなど、混乱が続いた。とはいえ、官公労にとっては人勧制度だけが給与改善要求の唯一正当な根拠となったため、その期待を背景に勧告への作業は着実に改善されていった。具体的には、四八年から始まった民間給与の実態調査が精度を徐々に高め、生計費よりも官民均衡の原則に立った給与勧告制度にシフトしていくことになる。また、五九年から比較の方法が格付号俸方式からラスパイレス方式（加重平均）による総合比較に移行している。

国際的に見ると、第三者機関の民間給与調査に基づく均衡点の提示は、現在では比較的珍しい給与決定方式である。ただし、財政状況からの制約や、最終的に給与を税で負担する国民の了解という要素もあり、その定着への道のりは必ずしも平坦ではなかった。しかし、物価の安定を受けて五五年に期末・勤勉手当（〇・二五月分増）が勧告どおり実施されると、高度経済成長にも支えられ、その後八二年まで人勧の完全実施が続くことになった。実施時期が四月となるのは七二年からであるが、較差改定率の完全実施が続いた六〇〜八二年の平均改定率は九・五％であり、「狂乱物価」の七四年は二九・六四％にも達した(12)。

この間の制度的な変更として、ＩＬＯ八七号条約の批准を機に六五年五月に国公法が改正され、総理府に対組合窓口として人事局が設置されている。この時、人事院から移管されたのは人事記録と退職手当等の事務に過ぎなかったが、これは十数年の間くり返された人事院改組論を収束させる効果をもった。こうして人事院は制度設計、労使交渉、国際条約への応答といった政治的な領域から一歩退却する一方、テクニカルな面で給与決定方式を確立し、「より純化された形で安定の座につくことに」(13)なった。さらに七三年四月、先に触れた全農林警職法事件に対する最高裁判決が出され、人勧制度が公務員の労働基本権制約の代償措置として認められたことは、法規範の上でも人事院の安定化に大きく寄与することになった。

設立当初、ＧＨＱにより半ば独立を強いられた人事院は、孤立回避と組織の安定化と引きかえにその独立性を一部譲歩することになったが、その道程は給与勧告と採用試験の実施を除いて、各省庁の個別人事に介入しないという自己抑制とも重なっていた。

2　各省人事の現場から

ここからは、制度一般の改変から個別の運用実態に目を移し、職員の立場から見て各省人事がどのように行われ、仕事がいかに割り当てられてきたのか、回顧録等を手がかりにふり返っていきたい。人事担当者を除けば、一人の職員が三十数年に及ぶ公務員人生を回想する中で、公務員制度の枠を意識する機会は入口（採用）と出口（退職）、および給与水準以外に多くはない。回想の核にあるのは人事配置・異動とそれに伴う仕事内容の変化であり、それは各省官房の責任領域である。法律上の任命権者は大臣だが、個別の人事を行うのは各省官房・各局の担当者であり、人事院や総務省などが関与する余地は間接的なものに限られる。

戦前期も含め、現在にいたる日本の官僚人事で強く印象づけられるのは、各人の「仕事」に対する積極果敢な姿勢の一方で、自らの「人事」に対する驚くほど受動的な姿勢である。この一種運命論的ともいえる受動性は、各省官房が実質的にもつ権限に由来する。その積み重ねが官房の権威を高め、かつ政治に対する自律性の基礎となっていることには注目しておく必要がある。以下、そのメカニズムを探ることにしたい。

人事に対する受動性と情熱

戦後日本の官僚たちは、どのような動機で公務員という職業を志望し、所属官庁を選び、どのような目標や思いをもってキャリアを積んできたのだろうか。個人の回想やオーラル・ヒストリーなど、現在では官僚のキャリアパスとその内面を知るための素材は少なくない。以下では、共通のフォーマットで四二編の回想をまとめた中道實らによる調査を手掛かりに、官僚人事の実態を見ていくことにする。(14)

まず、公務員の入口にある採用試験に合格するには、上級職（後のⅠ種、現在の総合職）ではかなりの準備が求められ、大学での成績も採用時の評価項目の一つとされている。その意味で、公務員志望者には相応の能力と意欲と努力が基本条件となるが、やりたい仕事内容については、「公のために貢献したい」といった漠然としたものが多い。よくいえば柔軟であり、また柔軟にならざるを得ない流動的な仕事環境もあると考えられる。また、周囲のすすめで何となく公務員になったと語る者も少なくない。

矢野俊比古（やの　としひこ、京都府出身、一九四八年東大法卒・商工省入省、官房総務課長、基礎産業局長などを経て八〇年通産事務次官、八一年退官、八三年参議院議員）は、学生時代に公務員への思いは「全然なかった」が、たまたま受けた高文に合格し、農林・通産・運輸の三省を回って通産省に採用されている。各省は「縦割りの世界」なので合格に関して横の連絡はなく、複数から合格の知らせを受けたが、「（自分が）ＯＫと言ったらあとすぐことが進む」のが役所の人事だった。「事務官時代の終わりの頃、昭和三十三年くらいでしたか、異動希望を申し出る制度ができました。私は旧憲法の高文の役人であまのじゃくだったから、官吏たるものは天皇の命で動くというのが頭にあって、一切希望は言わない。唐天竺でも行けと言われれば行く、と唱えて一切希望を出しませんでした」と語っている。

矢野はC・ジョンソン著『通産省と日本の奇跡』の訳者として知られるが、自身は海外や他省庁に出ることなく、石油革命の時期には石炭行政の後始末を担当し、基礎産業局長時代は生産行政と消費者行政のバランスをとるなど、中央で戦後産業政策の舵取りを担い続けた。仕事に関しては、透明性さえあれば「行政指導は悪くない」というのが持論であり、それは通産省の「権限」ではなく「任務」である、所管産業の発展・調整・振興といった省の任務に基づく行政行為であると述べている。これは「職」の明確化、職階制の原理と鋭く対立する考え方と見てよいだろう(15)。

杉山克己（すぎやま かつみ、東京都出身、一九四九年東大経卒・大蔵省入省、一関税務署長、農水省大臣官房文書課長などを経て、七九年同省構造改善局長、八一年退官、(財)日本食肉生産技術開発センター理事長など）は、もともとジャーナリスト志望で朝日新聞に行くつもりだったが、父に言われて公務員試験を受験し、周囲のすすめで大蔵省に入省した。最初の一五年間は主計畑を中心に歩いたが、「ほんのお手伝いのつもりで来た農林省が長くなってしまい、結局一八年間、大蔵省に在籍したままずっと農林省にい」たという。その経緯とは、主計局で農林省を所管していた杉山が同省幹部に知られていたことから、主計の人材を欲しがっていた農林省の檜垣秘書課長と大蔵省の高木秘書課長との間で話が進み、杉山自身も「あきらめがいいというか、潔ぎいいものだから、(農林省に)行きます、と答え」た。農林省に移って三年後、契約では大蔵省に戻ることになっており、自らも

「帰りたい気持ちがなくはない。だけどここで帰ったら男が廃る」と考え、自分を見込んでくれた農林省に残り、食品流通局長、畜産局長を含め三つの局長を務めて退官している。残留を決めた時の心境として、「軍人精神のいいところだと思いますが、人事について自分の気持ちは言いません。自分に与えられた仕事に対し毅然として赴く、そういう精神に鍛えられましたから、軍人がいちいち人事に対して自分の注文をつけていたら、戦争なんかできやしません」と語っている(16)。

上村一（かみむら はじめ、大阪府出身、一九四八年東大法卒・厚生省入省、京都府社会課長、厚生省大臣官房会計課長、同社会局長などを経て、七九年環境事務次官、八〇年退官後、母子愛育会会長など）は、戦中から公務員になるという「漠然たる気持ちだけ」であったが、厚生省と労働省を受験し、「それなりの役割を果たしたいと思って厚生省に入」った。先の二人と比べると、社会問題にとり組みたいという思いはより明確に記されている。キャリアとしては国連のフェローシップを受けて海外調査を行い、生活保護の現場から医事、国立公園管理、児童家庭などの分野を経験し、薬害・公害問題を担当して最後は環境庁に移り、企画調整局長から次官を務め退官した。入省時は公害という言葉さえなく、退官に際し「環境という仕事で終わるとは夢にも思わなかった」と挨拶しているが、戦後の激動の中で予期せず次々に生起する社会問題にとり組んだ公務員生活であった。後輩たちへのメッセージとして、ノブレス・オブリージュという言葉は、高貴な人に義務が伴うのではなく、重い義務があるから高貴になるのだとし、不十分な収入への覚悟も必要だと説いている(17)。

門田英郎（もんでん ひでお、広島県出身、一九五三年京大経卒・行政管理庁入庁、統計審査官、長官官房秘書課長、行政管理局長、官房長、八五年総務事務次官、八六年退官後、（財）国際開発センター理事長）は、ゼミの統計学教授のすすめで統計の専門職を目指して行政管理庁に入り、外務省出向の時期を含めると最初の一九年間は「自信にあふれて」国民統計計算のスペシャリストの道を歩んでいた。ところが、行政監察局監察官の発令を受けて一転ジェネラリストの道を歩むことになり、その後は管理官、官房秘書課長、官房審議官などを経て最後は次官を務めた。秘書課長として人事を担当した頃の回想としては、「この仕事は責任がある難しい仕事です。よかれと思ってやったことが、当人の不適応を起こすということもあ」り、先輩の叙勲の等級で頭を下げて納得してもらうことなど、辛い思い出も少なくなかったという[18]。

下浦静平（しもうら よしひら、東京都出身、一九四八年東大法卒・農林省入省、官房総務課長、官房審議官、食糧庁次長、七六年農林水産技術会議事務局長、七七年退官後、（財）甘味資源振興会会長）も、公務員生活の信条として、「自分からポストを望むようなことはしないこと。人事は当局任せであるべきで、自分のことは一番わからないことを認識すべきこと」と記している[19]。

以上、紹介した例を含め、局長・次官クラスまで登りつめた人々の回顧談の多くは、予期せぬ人事異動や仕事上の困難はあったものの、総じてよき先輩・同僚に恵まれ、自由な職場で充実した公務員人生を歩むことができたと肯定的に記している。むろん、給与水準や勤務時間など日本の役所の問題点も語られてはいるが、それらを含めて所属官庁が行う人事に権威を認め、それに従う姿勢が回想の基底を流れている。裏返せば、不満自体は無数にあるとしても、人事に運不運はつきものであり、人事担当者は公平さを保ち、最大限の配慮をしようとしているという職員からの期待と信頼を基礎に、各省レベルでの人事管理は分権的に行われてきたと考えられる。では、総合的にみた肯定的評価の陰で、公務員制のどのような課題が語られているのかもみておきたい。

公務員制の運営をめぐる諸課題

官僚の回想の中で詳しい内容ではないが、しばしば言及されるのが給与の低さである。客観的には、人事院給与勧告の実施が定着する一九五六年以降は民間並みの給与水準が確保されることになるが、比較の対象によって低くも高くも感じられるのが給与であろう。限られたデータながら、戦後の公務員と銀行員の初任給比較があるので紹介しておく。

同じ年度で比較可能な数字を示すと、第一（勧業）銀行と国家公務員の大卒の初任給は、一九五二年でそれぞれ六〇〇〇円（プラス推定調整手当四〇〇〇～六〇〇〇円）と七六五〇円、五七年でそれぞれ一二七〇〇円と九二〇〇円、六五年でそれぞれ二五〇〇〇円と二一六〇〇円、七五年で八五〇〇〇円と八〇五〇〇円であった[20]。確かに公務員給与の方が低くはあるが、初任給レベルでは年とともに差が縮小している。しかし、主観としての給与水準の低さは、戦前の高文官僚に対する破格の報酬との落差、戦後しばらくの混乱期に由来すると考えられる。また、諸手当を含む実際の収入の差が大きかった可能性もある。

長岡實（ながおか みのる、東京都出身、一九四七年東大法卒・大蔵省入省、主計官、官房秘書課長、主計局長などを経て、七九年大蔵事務次官、八〇年退官、八八年東京証券取引所理事長）は、五〇年に大阪府泉大津税務署長に就くが、「その頃は役人というのは食うや食わずなんですよ。月給が午前中に出るか午後に出るかで昼食の内容が違うぐらいでした。したがって子どもたちにはぜいたくはほとんどさせませんでした」と語っている。他方、「ぜいたくをさせないが子育てのポリシーだった」といい、そこに不平不満の影はない。主計官として公共事業を担当した際、道路や港湾よりも住宅や下水道など国民生活に直接関係する予算が重要だと考えるようになり、相手の省から「長岡主計官は生活派」と皮肉られたという。[21]

清水汪（しみず ひろし、静岡県出身、一九五一年東大法卒・大蔵省入省、銀行局総務課長、内閣官房内閣審議室長、関税局長などを経て八二年環境事務次官、八四年退官後、青山学院大学教授、（財）地球・人間環境フォーラム理事長など）は、「民間に行けば月給は倍もらえる」と言われながら、そのことを承知で公務員を選んだ。「仕事の責任が重く、家に帰ってもやらざるを得ないような仕事が多い……。でも月給は安かった。それゆえ辞めたあとの恩給は高くて当然だと思いました。ところが、昭和四〇年代に入ると、官民格差だ、官は退職金が高すぎる……と言って、それらを下げようとする行政改革が行われました。官僚自身からすれば、冗談じゃないと思いました」とも語っている。とはいえ回想の大半は、オイルショック前後の金融政策、内閣官房での調整業務、危機管理、公害対策、人事管理など、三〇年あまりの仕事の実質である。[22]

杉山弘（すぎやま ひろし、東京都出身、新制中学教員を務めた後、一九五六年東大法卒・通産省入省、官房総務課長、貿易局長などを経て、八八年通産事務次官、九一年退官、九六年電源開発株式会社社長）は、入省当初「月給はものすごく安かったですね。……九六〇〇円でした」。「北区の方に下宿を探したんですけれども、当時は一畳五百円、それで六畳間を借りたんです、それで三千円。九千いくらのうち、それだけなくなっちゃうわけです。……官民格差っていうのがものすごく大きくて、役所に入ってシマッタかなぁと、給料日になると考えてました」と回想している。[23]

服部経治（はっとり つねはる、愛媛県出身、一九五五年東大法卒・運輸省入省、地域交通局長、官房長などを経て、八七年運輸事務次官、八九年退官、九一年関西空港株式会社社長）は、最初の三年くらいは使い走り、コピー焼き、筆耕などの雑用に、「これが役人というものか」と感じている。安月給は覚悟して公務員の道を選んだものの、学生時代の仲間と合うと、民間では倍くらいの給料をもらっていてがっくりしたという。「当時の月給は、七千八百円だったかな。民間企業に行った連中はみんな一万五千円はもらってましたね。毎日、わけの分らないことをさせられて、これじゃ面白くもおかしくもないと、よく思ってた」と不満な思いを記す。[24] しかし、その後は六六年の航空機事故対応や、航空局審議官として成田闘争で「身体を張る」など、「常に、充実感を持って、緊張感を持って生きてきた」、「わが人生に悔いなし」という。[25] なお服部は退官後、関空社長に就任するが、九七年に空港ビル清掃業者の選定をめぐる収賄罪で起訴され、一審で執行猶予付の有罪が確定している。

以上は、給与の低さに関する半ば客観的、半ば主観の混じった回想だが、戦後の混乱期を脱すると、後の入省者ほど給与への言及が少なくなるのは、官民格差の是正と、生活水準全体の向上が関係していると考えられる。それらと対比すると、仕事の重さ、多忙さ、勤務時間の長さは入省の時期や官庁の違いを超えてキャリア官僚に共通する傾向である。しかし、そのことがどの程度「問題視」されてきたかというと、所与として受けとめている者が大半のようにみえる。その一方で、次の回想にあるように、日本の役所での働き方に疑問を投げかけている国際派もいる。

旦弘昌（だん ひろすけ、満州出身、一九四八年東大法卒・大蔵省入省、在英大使館審議官、大蔵省大臣官房審議官、関税局長などを経て、七六年国際金融局長、七八年退官後、七九年日本銀行理事）は、「もう一度、人生をやり直せるとしたら、また役人になるかと聞かれたら、『ならない』と答えます。あのような働き方はもうこりごりです。日本の役人、企業人もそうですが、欧米とは働き方が違う。アメリカやヨーロッパなんかは、仕事はもっと限定的で明確であるし、議員と役人の関係は遮断されています」と語っている。「働き方の違い」とは、大臣に代わって官僚が答弁する政府委員制度、議員会館での質問とりと深夜に及ぶ答弁作成の手続、役所の地下の「霊安室」などに現れているという。「家に帰ろうにも、もう終電車がないということになると、空いている場所のいたるところに、丸太ん棒みたいに寝ているわけです。真っ暗だからつまずいたりします。そんな生活、やり方をしている先進国はないでしょう」。そして、「一番いいのは、ある程度の収入が確保されて、人間らしい生活をして、外国のように土曜、日曜はのんびり暮らせるということです。そんな生活にならなければ、本当の先進国ではないという感じがします」という。(26)

ワークライフバランスの回復や「働き方改革」が政治課題として浮上するのは最近のことだが、国際畑を歩んだ大蔵官僚のコメントは、日本の役所の仕事慣行に対する根源的な批判を含んでいるようでもある。

秘書課長から見た人事管理

では、人事担当者からみた個々の人事管理の実態・課題・困難はどのようなものだろうか。まず、各省庁とも局長・次官レースにおいて大臣(長官)官房三課(総務・会計・人事、ただし名称は一定しない)の課長経験は必須といわれ、多数の課長職の中でも上位の年次に位置づけられる。西尾勝は日本の官房について、企画調整機能が中心のフランスとも、大臣秘書室と大臣官房に二分されているドイツとも異なり、官房長をトップとするヒエラルヒー構造のライン系統として「総括管理機能」が担われていると要約している(27)。すなわち、官房には人・権限・財源・情報という各省の基本的な行政資源が集められ、それらを配分する大きな権限が与えられている。官房はまた、各局で総括管理機能を担う総務(相当)課と緊密なネットワークで結ばれる一方、内閣官房など行政府全体の官房系統組織、さらに与党の機関や国会の常任委員会とも密接なネットワークを形成し、「政務」と「党務」の結節点となっている。

佐橋滋(さはし しげる、岐阜県出身、一九三七年東京帝大卒・商工省入省、三八年入営、四三年軍需省軍需官、四六年商工省総務局労働課長、四九年通産省通商繊維局綿業課長、五四年大臣官房秘書課長、五七年重工業局次長、六一年企業局長、六三年特許庁長官、六四年通産事務次官、六六年退

官、七二年余暇開発センター理事長）は、自伝『異色官僚』の一章を割き、秘書課長時代の人事について詳しく語っている。(28) 自ら「型破り人事」と名づけてはいるが、基本的な方針としては、年次（入省時期）は絶対ではないとしても無視はできず、一ポストへの在任期間は二年から二年半が最適であり、人心一新が必要な場合を除けば異動はなるべく小さい方がよい。中途退職や本人と家族の病気もあるために計画どおりに行かないことも多く、幹部候補の約三分の一が出先・他省庁・自治体・国際機関等に出向している関係で、一連の人事構想のもとで考えるべきだと、バランスを重視したやや保守的な考え方を記している。

また、同じく「五」の能力のある二人でも相殺してゼロになることもあれば、総合戦力として二五になることもあるとして、人間には「組合せ問題」があると指摘する。人には好悪の情があり、当人には自信やうぬぼれがつきもので、能力の判定もきわめて複雑であるため、民間のような能力主義がなかなか作用しない。とはいえ、必要最小限の判断材料として、企画力・実行力・統率力・適性についての判定資料は人事担当者にとって不可欠である。採用で佐橋は面接を重視し、何度でも会って意見交換をし、九月頃は一か月間百数十人の学生と会い続けている。人事に泥縄式は通用せず、日頃から一年先、二年先のことを考えながら人物と仕事について研究すべきであり、面談や雑談も積極的に参考にする。

他方、秘中の秘である官庁人事にメディアは異常なまでの関心を示し、事前の予想やうわさが流れ、裏話や批評も出るが、この種の記事は間違っていることが多いという。だが、人事について真相を述べることは必ず誰かを傷つけることになるため、人事権者は弁解をすることができない。秘書課長というポストは「大臣官房の右翼ポスト」と見られ、「なりたての時は大ニコニコだが、さてやってみるとにっちもさっちもいかなくて神経衰弱みたいになるヤツも多い」という。佐橋自身は「秘書課長職を天職と心得て」、三年間の任期の最後まで楽しんだようだが、それは当時の石原武夫事務次官が人事を任せてくれたからだとも語っている。

ここから、各省内の人事に、いわば外部者である大臣ほか政治家の関与がごく限られていることがわかるが、他方、秘書課長とても自由にコマを動かせない微妙な組織力学が存在することも事実である。佐橋によれば、「人事は組織の動脈」であり、「いかにしたらその有機体が最もいきいきと動きうるか、これを考えるのが人事権者である」。官庁組織の有機的活性化への期待が組織内外からのものだとすれば、政治からの直接の介入はなくても、業界からの期待、世論も含めた政治社会からの期待を反映した適材適所の人事への要請は、人事権者への強い圧力にほかならない。

もう一人、御厨貴らによる「オーラル・ヒストリー」の記録から秘書課長の業務をふり返っておきたい。田中一昭（たなか かずあき、島根県出身、一九五九年京大教育卒、島根県庁勤務後、六一年行政管理庁入庁、同庁長官秘書官、農林省大臣官房参事官、総務庁長官官房秘書課長などを経て、九二年行政監察局長、九五年行政改革委員会事務局長、九八年退官、同年拓殖大学教授）によれば、官房三課長には通常同期の職員が就く。「どれが偉くてどれが偉くない」という違いはないが、「○○に秘書課長は無理だ」といった人物評価はあるので、「おそらく消去法で決まる」という。自分が秘書課長になったのは、キャリアとノンキャリア、若い人と年配を適切に使い、「部内、部外、ＯＢを通じて、人をよく知っていたから、みんなに安心感があったからだと思う」と語っている。

秘書課長の仕事には、現役だけでなく「ＯＢ人事」があり、再就職先の給料に違いがあることから、その調整のための異動を考えることも必要になり、加えて職員組合への対応もある。田中は能力主義の徹底を試み、ノンキャリアでも力ある職員はどんどん引き上げ、一五〇人ほどは家族構成まで頭に入れていたという。他方、キャリアでも「間違って上級職試験に受かったとしか思えない人もいる」ため、指定職（審議官級以上の幹部）にしない人を何人も出した。具体的には、指定職前のポストで「退職してください」と伝える（先輩の首を切る）役回りであるが、指定職になるかどうかは「平社員で辞めるのと役員で辞めるのとの違い」があり、退職金も二〇〇〇万円前後異なってくるため、「恨まれていると思います」と述懐している。[29]

とはいえ、キャリアに対しても厳しい人事を行うのは、組織の秩序と活力を維持し、甘い処遇であとにツケを回さないためであり、その背景には幹部ポストが限られているだけでなく、業界団体を持たない組織故ＯＢポストはさらに限定されること、さらに行革の中心に位置していた総務庁の仕事自体の重さも関係している。総務（行管）庁の幹部には「外人部隊」（他省からの出向者）が多く、大蔵から来た官房長に「首切り」の仕事をさせるわけにはいかず、中央でも出先のノンキャリアに対しても「（再）就職の世話は大変」で、それと比べると、いかに難儀に見えても「官房以外の仕事は楽」だという。他省との関係では、青少年対策本部事務局次長が文科省から、交通安全対策室長が警察庁から、地域改善室長・老人対策室長が厚生省からの出向者になっており、時に取り戻すというのも「力仕事」の一つだったという。

こうした他省庁との交渉には天下りポストの交換も関係し、時間軸を含む「貸し借り」関係の扱いは組織資源の増減や、その官庁の盛衰にも影響する重要な仕事である。戦後設立された官庁で資源が限られている行官庁（総務庁）と比べると、通産省などは組織外のポストも再就職先も多く、それだけ人事担当者は楽に見える。しかしその分、職員の期待やプライドも高く、限られたポストへの人の配置にかかわる労苦には異なる性格のものも含まれよう。官庁ごと、時代ごとに、人事担当者は異なる課題を背負うと考えられるが、高度に状況依存的で、職員個人の背景・能力・士気への立ち入った配慮が求められる点で大きな差異はない。そこで、各省人事にどのような傾向とパタン、また変化がみられ、人事院の公務員行政とどのような関係にあるのかを考えていきたい。

3　分権型人事管理のメカニズム

日本官僚制の全体を見渡した公務員のキャリアと人事の実際に関する研究は多くない。本節では、従来の研究を参照しつつ、上述の公務員制の枠組および実態から見えるメカニズムを検証する。まず、個別の人事が各官庁内にある無数のグループを単位に分権的に行われていることを明らかにした上で、そこに職階制に代表される科学的人事行政が介入する余地の有無について考え、公務員制の性格と課題について理解を深めたい。

公務員のキャリア・パタンとその課題

前節で紹介した省庁ごとの人事と経歴のケースは、どれも事務系キャリア官僚である。その採用から退職までの経歴（キャリア）に共通するパタンについては、一九七〇年代の渡辺保男による研究、および九〇年代の稲継裕昭による詳細な研究と早川征一郎による昇進の実証分析などがあり、その要点を整理しておきたい。

渡辺は諸外国との違いにはとくに言及していないものの、公務員のキャリアにみられる日本的特徴を的確に描き出している[30]。すなわち、厳格な意味ではないが終身雇用制および年功序列制を基礎とし、定期採用、定期昇進、定期異動、慣例的退職が厳格にとられる。採用時の試験の種類と学歴で一般的資質と職務遂行能力が吟味され、それが将来にわたって推定されるととらえる「入口選別制」が重要な意味をもち、毎年一定数の同質的人材が確保されるという前提に立って、年次を基にした人事が行われている。

昇進にあたり試験は行われず、研修の義務づけもないが、勤務実績、人物、管理能力、経験、健康などの要素が多面的に考慮され、総合的評価がなされる。ポストが減少する上位段階になると、淘汰と競争が年功制に活力を与える一方、退職する職員の再就職を官庁ごとに官房があっせんする。当時は五三～五四歳で事務次官に就いていたため、五十歳前後で後進に道を譲り、第二の人生を歩み始める。その年齢では体力気力とも充実しており、社会の側も受け入れる余地があり、さらに退職金と年金が不十分なため、関連企業や特殊法人などの政府系機関に再就職することになる。その際、企業人より官僚の方が広い視野をもっているという期待がある点を指摘する。それ以外の道として、国会議員や首長の選挙に出る者も少なくないが、渡辺は「豊富な行政経験が、とかく脆弱な政党の政策形成力に即効的に活用しうる」として、必ずしも批判的にとらえてはいない。

渡辺の研究はごく記述的な内容ではあるが、官僚のキャリアの実態を俯瞰しつつ整理し、そこに一定の合理性があることを示している。その約二〇年後に出される稲継の研究については前にも触れたが、民間企業および諸外国との比較対照を行いつつ、「おそい昇進」(選抜)の効果という視点から公務員のキャリア・パタンの背後にあるロジックを検討している。すなわち、キャリア官僚同士の「勝敗」、「上にいける」か否かの結果をできるだけ明かさず、人事担当者の私的情報にとどめることにより、最大限多数のインセンティブを引き出すシステムになっていると見る。その場合、給与構造も選抜結果が明瞭となる指定職(審議官クラス以上)の段階から急な上昇カーブとなり、退職金や天下りを含めてインセンティブが高まる。これは、昇進が頭打ちとなるノンキャリアにも当てはまり、同一カテゴリー内では部内均衡型をとりつつ、「長期の査定によって徐々に昇進・昇格で差をつけていくという仕組み[31]」と要約される。

一方、早川は官僚の昇進に関する実態の詳細な分析に加え、いくつもの批判的な考察を行っている[32]。それらを列挙すると、入口選別に関する問題として、キャリア組の初任給が資格基準表より一等級高いこと、昇進スピードに関しても昇格の「必要経験年数又は必要在級年数」を八割計算で実施している「八割昇格」問題、ノンキャリアとの「競争遮断」の実態、これらの「生ける慣行」における根拠の曖昧さ、関連企業への再就職（天下り）を規制する国公法一〇三条が特殊法人などを迂回する場合を規制できず、人事院の審査でもパスが常態化している点、各官職の権限・責任の抽象性が批判の対象となっている。八割昇格などキャリア組の特権性に対する批判は、後の川手の研究にも同様に見られる。

渡辺と稲継の研究が、官僚の人事管理の実態に行政運営上の効果と生理を見ようとしているのに対し、早川と川手はフォーマルな規定と実態の乖離に注目し、インフォーマルな慣行は変更が困難な点を問題視している。公務員制度改革との関連でいうと、九〇年代後半に天下りの実態が明るみに出、経済の低迷も相まって戦後の人事制度への批判が急浮上することになった。したがって、戦後公務員制の評価はこの新たな文脈で行うことが必要だが、いま一度公務員制全体を俯瞰した日本的特徴を見ておくことにしたい。

グループ別人事の実態

キャリア組の官僚は世間一般に注目されがちではあるが、その割合は一般職国家公務員全体の二%程度に過ぎない(33)。Ⅱ章で論じたように、採用試験の段階で区別されるⅠ種（総合職）技官、Ⅱ種・Ⅲ種（一般職）職員のほか、国税専門官や航空管制官など数多くの専門職が存在する。セクショナリズムに関して、省庁単位の割拠性だけでなく「局あって省なし」と言われるように、省内各局の管轄の違いや専門性に基づくタテ割り人事の実態は驚くほど細分化されている。

森永耕造によれば、日本の国家公務員の人事管理にはグループ別で行われる点に特徴がある(34)。国・出先を通じたまとまりは「人事系統」と呼ばれ、その中で例えば北海道管区内などブロック単位で行われるグルーピングは「人事グループ」と呼ばれており、把握は困難ながら、およそ三〇〇近い人事系統と一五〇〇を超える人事グループが存在するといわれる。仮に一二府省および二二の外局等を単位としてみても、一組織に平均八以上の人事系統と四〇以上の人事グループが存在することになり、中には一〇〇〇人近い技官の人事グループもあるという。これは現場の職員にとっての「常識」である一方、外部からはあまり知られておらず、国公法の定める大臣以下五〇人近い任命権者から見ても、到底全体を把握し、実質的な人事に関与できる単純さではない。

昇任のペースが採用試験の違いとともに各省ごとに異なり、系統とグループにより年齢別の人員構成がさらに多様であるため、年齢・勤続年数が同じでも、昇任・昇格の実態は「全体としてそのばらつきは極めて大きい」。この実態に対応して、組織内のポストが人事グループ別に色分けされているかの如くであり、上位ポストを多く有するグループでは昇進のペースも自然と早くなる。先に紹介した将棋の駒型の「おそい昇進」の慣行については、若年層ではある程度一律の昇進慣行が見られるものの、上位ポストに進むにつれて数に応じて選抜の程度が異なってくる。そして森永は、「キャリア・システムの問題や事務官・技官の問題もある意味でこの人事グループの問題として一般化することもできなくはない」と指摘する。

では、各グループ内での人事の選抜・配置はどのように行われてきたのだろうか。一九八六年に人事院の研究会で行われた調査によれば、ほとんどの省庁が「普段の心証」を評価基準にあげ、採用後の比較的長期にわたるグループ内の上司・同僚による全人的・総合的な判断が基礎になっているとされる。森永は、同じ背景をもつ同僚職員からの評価が最も納得性が高く、他の合理的な方法が技術的に難しかったことを指摘している。このことは、日本では数ある行政統制のチャンネルの中で、同僚からの評価・批判がとりわけ強いとされることにも通じている。

確かに英国などでも「同僚による評価」（ピア・レビュー）の重要性は指摘されてきたが、日本の場合、海外のような職務の詳細な説明、空席ポストのアナウンス、公募という手続を欠き、評価が非公式で、評価者の数が多い点で異なっており、独自の発達を遂げてきたというべきである。このグループ単位の人事管理の慣行をどう解釈し、どう評価すべきか。本章の最後に、職階制の挫折理由とともに、人事行政における科学と政治という視点から本章のまとめを行いたい。

公務員制におけるアートと科学

以上とり上げてきた公務員制の論点を列挙すれば、人事院の政府内での独立的地位・役割とその変化、職階制が準備されながら挫折する経緯、各省人事の実際と職員に見られる受動性、キャリア・パタンの要約と批判的意見、およびグループ単位で行われる分権型人事の実態、などであった。体系的な整理からは程遠いが、ここから浮かび上がってくる公務員制のメカニズムを理解するためには、次のような視点が有益であろう。

まず、一五〇〇を超えるグループ単位で行われる高度に分権的な人事管理システムに注目する必要がある。戦後公務員制に「自律性」という特徴が見出せるとすれば、コアに位置するのは多数の閉じた公務員集団の存在とその力学であろう。すなわち、各集団が共通の教育的・専門的背景をもち、顔が見える者同士で構成され、同僚による長期的で総合的な評価が行われ、その判断が一定の権威をもてばもつほど、その集団内の人事に対して外部からの介入は困難となる。ここで外部とは、内閣や国会という政治部門だけでなく、人事院や各省官房・各局の人事当局も含まれる。そして、この「グループ」を維持すること自体が一つの「価値」を帯びていったことに注目しておきたい。というのも、グループは各構成員にとっての基本的な帰属先で生活世界でもあり、アイデンティティの土台となるからである。

次に、制度上の人事権をもつ各省官房はポストや政策・人事情報、予算などの資源を背景に各グループ内の人事に介入することになるが、資源配分に影響しない個別の人事配置に関しての介入は限られる。技官や専門職に関しては、その傾向はより強いと考えられる。ここまでが公務員人事の生活世界だとすると、人事院の実質的な関与は、給与にかかわる級別定数の審査などを除けば、いわば外側からの不当な介入ととらえられかねない。とりわけ再就職の審査に関しては、違法・不当でない限り各省庁はそれ自身の資源配分に口出しされることを好まないであろう。一方、人事院自身も通常の行政組織として、再就職のリソースに関して他省庁への依存が不可避となる。中央人事行政機関の権威がその程度である以上、任命権者を含む政治家による個別人事への介入は、ほとんど宇宙から大気圏への突入に近いリスクを伴う。こうして公務員制の政治からの自律性は、グループ別人事の定着と共に戦後の早い段階で高まっていったと考えられる。

第三に、これを職員個人の視点から見ると、皮肉にも自己のキャリアを自律的に選択しているという状況からほど遠いことがわかる。入省時には自由に働いた自己選択・自己決定権が以後はほぼ封印され、他省庁への出向や事実上の移籍も含め、職員は所属官庁（官房・局）の決定に対し受動的に従う。当人の提出する希望が聞き入れられる確率は低く、転勤を伴う異動を断るならば、その後の昇進との引きかえを意味することも少なくない。では、官房の人事担当者が自由に駒を動かしているかといえば、考慮すべき事柄が無数に立ちはだかり、当事者の意識としては困難きわまりない業務を行っているというのが実感であろう。その背景には、村松岐夫が「最大動員」と呼ぶ職員の能力・時間・エネルギーの酷使状況があり[35]、恒常的にリソースが不足する中でやり繰りの困難に直面しているということである。

反面、いかに困難でもやりがいがあり、将来の昇進につながるポストの数が、希望者と比べ希少だという状況も考えられる。こうして、曖昧な「職」の規定と柔軟で受動的な職員の姿勢にもかかわらず、生身の「人」に基礎を置くがゆえに、人事管理の実際には職人芸的なアートが強く求められることになる。

では、人事管理の効率化と公務員制全体の合理化のために、より科学的な方法は検討されなかったのであろうか。この問いを考えるために、職階制挫折の背景を改めて整理しておきたい(36)。まず、開放型か閉鎖型か、ジョブ型かメンバーシップ型かという米国との人事制度の違いが基本にあり、これは社会全体の労働市場の開放性と関連するため、政府内だけの変更は困難であった。第二に、新規学卒者の一括採用と定期的な人事異動という慣行の根強さがあり、変更は学生の就職活動も含めた大がかりなものになる。第三に、大部屋執務体制に基づく職務説明書作成の困難、専門性よりも柔軟性を重視するジェネラリスト官僚の伝統があり、改革には施設条件と制度・文化の改革が求められる。さらに、戦後日本の組織における平等主義的傾向や、増大する行政事務を不断に分類する技術的な困難をあげることができよう。

創立期の人事院内では、一九五三年までに職階制実施への熱気だけでなく、作業の実態さえ消滅に向かっており、他省庁も改革への差し迫った必要を認めていなかった。外国制度の移植が企図されながら、異物視されて頓挫すること自体、他の制度や行政分野では珍しいことではない。職階制が定着するための制度的・組織的・社会文化的な条件を、戦後日本の官僚制は大きく欠いていたと考えられる。

筆者にとってはむしろ、職階制についてなぜ未実施のまま半世紀以上も廃止の決断がなされず、かつ現在にいたるまで実務家や研究者の間で議論がくり返されてきたのかの方に疑問が湧く。それは、この制度を精神的故郷のごとく考える人事院のＯＢや幹部だけでなく、研究者に対しても職階制導入の再考を促す理由として、その科学的可能性が現在の公務員制の中で全く死に絶えてはいないという判断があるように思われる。実際、科学的人事行政の将来は、新たに導入された人事評価制度に託された形となっており、人事院の制度設計と現場での試行をとおして徐々に定着に向かっていくと考えられる。

とはいえ、暗黙知的な人事管理のアートを科学の域に高めるためには、公務員制度改革を争点化させる政治の力が一九八〇年代までの日本には欠けていた。改革のエネルギーがマグマのごとく蓄積し、地表に放出される契機となったのが九〇年代の官僚の不祥事であり、そこから二〇年にわたって続く改革の時代が始まるのである。

Ⅳ章 公務員制度改革の争点化と政治——応答的政府への途

官僚制の改革は戦前戦後を通じてくり返し政治課題に浮上し、基本制度にかかわる改革も複数回行われてきた。一九三八年に国家総動員法が制定されると、集権化、金融統制、産業統制、資源配分などを柱にさまざまな改革が行われ、官僚機構の再編だけでなく、企業や社会諸集団の組織化も進んだ。敗戦後、統治システムが理念の上で大きく変革される一方、間接統治の下で戦時体制の制度には復興のために活用されたものも多い。憲法改正に伴い議院内閣制、公務員制、地方自治制の導入という改革は行われたものの、その展開軸で常に官僚が関与したことから、日本官僚制のＤＮＡは意外に影響を受けなかったという見方もされている。

その後、一九六二年に池田内閣の下で臨時行政調査会（臨調）が設置され、水源開発や首都圏整備といった新しい行政需要への対応が課題となった。その改革意見の中では内閣機能の強化、予算編成権の大蔵省から内閣府への移管、総務庁の設置、共管競合事務の整理などが提案されたが、理想に走りすぎたとも言われ、大半の改革は実現せず、いわば「虎は死して皮を残す」結果となった。

その中で、公務員制の占める位置はある意味では中心的であり、別の意味では周辺的であった。中心的というのは、臨調が主眼点の一つに「公務員精神の高揚」を掲げ、公務員集団のあり方を改革運動の標的にしていたということである。「公務員に関する改革意見」では、「当調査会に寄せられた『国民の声』のうち、その相当数が公務員に対する批判、意見で占められ」ていたと指摘し、「制度、機構を動かすのは、究極において『人』であり、『公務員』であるから（中略）公務員の人事管理一般を改善し、また根本的に公務員の心がまえ、とくに管理者たる者のあり方を改めない限り、真の行政改革は期しがたい」と述べている(1)。とはいえ、人員整理や給与の削減は行われず、技術的性格の強い公務員制度の改革は全一六項目ある各論の最後に置かれていたように、中心課題とはいえなかった(2)。中央省庁における分権的でグループ志向の強い人事システムは温存され、高度経済成長の達成はそうした制度を正当化する根拠にもなった。

オイルショックを機に成長は鈍化するが、第二次臨時行政調査会（第二臨調）による諸改革が進む一九八〇年代以降も、公務員制と省庁制の基本はほぼ無傷のまま存続する。確かに八一年の第一次答申が掲げた三つの理念、「変化への対応」「簡素化・効率化」「信頼性の確保」のすべてに公務員問題は深くかかわっていた。だが、官僚機構は三公社民営化をはじめとする改革の一翼を担いこそすれ、それ自体の組織や人事の改革は九〇年代後半まで本格的には着手されなかった。唯一直接的な影響を受けたのは八二年の人事院勧告の凍結だが、それとても制度改革というより、政治決断による運用上の例外措置であった。その背景にあったのは、当時メディアがくり広げた「公費天国」キャンペーンと公務員批判の世論というべきであろう。

官僚・公務員への批判的言説は戦前から存在し、不祥事が発生する度にくり返し高まってはいた。だが、世論調査に見られる官僚への信頼感は、九〇年代半ばまでは決して低くない。朝日新聞は定期的に政治家・官僚などへの国民の評価について世論調査を行っており、一九九九年の元旦特集によれば、九四年の段階で「官僚」への信頼は四四%あったが、その後の五年間に一六%にまで下落している(「ある程度信用できる」が一四%、「信用できる」はわずか二%だった)。この数字は政治家の一九%より低く、全項目で最低であり、「官僚」とは別項目であがっている「警察」への信用七一%の四分の一以下であった(3)。気まぐれな世論と制度改革の関係を検証することは容易でないが、政府が応答すべき対象の一つは「世論」であろう。そして、自律的な政府システムに応答性という新たな原理が入り込む契機の一つが、世論の風向きの転換だった。

本章では、一九八〇年代の第二臨調を機に始まる行政改革の争点が、九〇年代の不祥事の多発を受けてどう変化し、世紀をまたいでいかに具体化していったのか、その経緯を追う(4)。一般に「公務員制度改革」として理解されている運動は、九〇年代に進んだ地方分権や情報公開とも連動する。その中で、応答的政府への移行は前進したのか否か、政官それぞれ説明責任を迫られ、公務員制が変容していく状況を跡づけたい。

1　第二臨調から行革会議へ

一九八一年三月に設置された第二臨調は、翌年の「基本答申」で日本の財政が「危機的状況に立ち至っている」との認識を示し、「増税なき財政再建」をスローガンに掲げた。八二年の国・地方を合わせた財政赤字の対GDP比は四％（国債発行残高は約八〇兆円）で、同比八〜一〇％超えの年もある近年の財政赤字からみると深刻さも半ばといえるが、高度経済成長が過去のものとなり、税収不足が顕在化してきた当時の強い危機感が読みとれる。公務員問題に関しては、基本答申の第三章が給与の在り方、中央人事行政機関としての人事局の役割、外務公務員などの人事管理について提案を行い、八二年には財政再建の観点から人事院給与勧告の実施が見送られた。

行革運動は臨調解散後も継続され、臨時行政改革推進審議会（行革審、一次・二次・三次）が八三年から九三年まで一〇年間にわたり活動し、臨調答申の実施の監視と規制緩和・透明化・地方分権などの改革を中心に提案を行っている(5)。さらに「臨時」の語が落とされた行政改革委員会（九四〜九七年）は「行政関与の在り方」について整理し、規制緩和と官民関係の改革について提言した。いずれの審議会も公務員制度について立ち入った改革案を出していないが、その理由として臨調・行革審の土光敏夫会長をはじめ、審議会のトップに財界人が就き、専門的・技術的な制度改革よりも財政再建と民間活力の活用に焦点を当てたからだと考えられる。結局、公務員制度に関しては、会議体として一九九六年に行政改革会議が、また九七年に公務員制度調査会が置かれ、状況としては不祥事の多発による官僚批判の加熱と公務員倫理を問う世論の圧力を受けて、九〇年代後半から改革が動き出すことになった。

第二臨調と人事院勧告の凍結

実質が伴わなかった第一次臨調の轍を踏まぬよう、第二臨調は発足当初から実効性を重視し、発足後四か月で第一次答申（緊急提言）を提出、歳出支出の思い切った節減を「緊急の外科手術」として行うべきだと提言した。「行財政の惰性的運用を克服し」と述べているように、この改革の勢いの延長線上に、従前どおりの手続で給与改定（引き上げ）を行う人事院勧告（人勧）の凍結が行われたのである。八〇年まで二〇年以上にわたり政府は人勧の完全実施を続けてきたが、八一年に変化の予兆は起きており、勧告が五・二三%の引き上げのところ、期末・勤勉手当は旧ベース算定、調整手当と管理職員が一年遅れの実施とされていた。八二年度の人勧は八月に四・五八%が勧告されたが、鈴木善幸首相は九月、財政に関する「非常・緊急の事態」を宣言、給与関係閣僚会議での議論を経て、勧告実施を見送る決定を下した。政府は、「異例の措置であり今後、人事院勧告を尊重する方針に変わりはない」と断りつつ、凍結の理由を以下のように説明している。

「国家公務員の給与は、未曾有の危機的財政事情下で、行財政改革を担う公務員が率先して、これに協力する姿勢を示す必要があり、官民格差が五%未満であること等を考慮し、改訂を見送るものとする」(6)。

人勧があくまで国会と内閣に対する「勧告」である以上、この決定は政治的に不可能なことではなく、直ちに違法ともいえない。だが、憲法上の論争テーマにもなり、公務員の労働基本権制約とセットで扱いを慎重に考える必要があった。実際、閣内では総理府総務長官、労働大臣、経企庁長官が異を唱える一方、自民党内でも「公務員給与が国家財政破たんの原因ではない。良好な労使関係の維持こそ行革の不可欠の条件だ」といった意見があったとされる。[7] では、法的な判断を財政的考慮が上回った結果かといえば、経済学の立場からも凍結措置に批判が加えられていた。伊東光晴は、「もし次官以下すべての国家公務員を整理したとしても、一般会計によって浮く財源は給与費二兆五千億円にしかならない」とし、財政危機と公務員給与問題を結びつける短絡的思考を批判している。[8]

この政治決断の背景として、鈴木首相が七〇年代まで多数を占めた官僚出身の首相ではなく、党人派だったこと、大平正芳首相の急逝と総選挙での大勝を受けてハプニング的に自民党総裁となり、社会的な支持基盤が弱かったこととも無関係とはいえない。人勧への法的・官僚制的な検討よりも、政治的・状況的な判断を優先し、国民からの支持調達を図ることはごく自然な選択だったといえる。七月には財政再建を急務とする臨調の緊急提言を受け、その最大限の尊重を閣議決定しており、その影響は大きかった。

しかし、首相個人の要素に加え、危機的財政と「公費天国」の報道が加熱する中で時代の空気、世論の動向、政治社会の深層心理のようなものが作用していたことも否定できない。七〇年代までの財政資源の拡大と公務員給与の改善、人事院の組織的安定と人勧制度の定着こそ、「自律的政府」の原因であり、結果であった。七三年と七九年のオイルショックを厳しい経営努力で克服してきた経済界の中に、さらにそれと連動する市民社会の中にも、自律的に見える「官」への不満が圧力を高めていたことも事実であろう。実際、財界は人勧凍結を「大歓迎」したのみならず、以後も「人事院が財政事情を十分に考慮して勧告を出すべき」ことを求めている。(9) また朝日新聞の社説も、「少なからぬ国民の支持があるとの読み」が最終的に政府の決定を促したととらえていた。(10) こうして、制度としての人勧は維持するという言説と、しかし緊急措置として実施を見送るという決定とは、高度に政治的な、しかし矛盾に満ちた判断だったというべきである。

他方、その後の人勧の扱いを見るならば、政府と人事院との歴史的取引という視点から勧告凍結のメカニズムを理解することも可能である。前章までに見てきたように、戦後改革期から人事院を政府内で異物視する見方は根強く、解体論がくり返し浮上していた。それが収束に向かったのは、一九六六年の総理府人事局の設置であり、人事院は一部の事務を移管させることでその安定化を図ることができたのである。その後も続いた経済成長と税収の伸びもあって、人勧は完全実施の時代を迎え、制度として定着した。したがって、八二年の人勧凍結が緊急措置であることが翌年以降確認されれば、それはあくまで例外事象として人事院の地位の安定も再確認できたといえる。

ところが八三年以降の人勧の数字と実施状況は、［表Ⅳ-1］のように奇妙なものとなった。まず、人勧の数字は凍結により官民の差が開いた分、八三年から六・四七％、五・七四％と高めに推移するが、政府による給与改訂の状況は、おそらく財政事情を考慮した上での部分的な人勧実施となってい

表Ⅳ-1　給与改訂の経緯（1980～1986 年度）

年度	1980	1981	1982	1983	1984	1985	1986
人事院勧告	4.61%	5.23%	4.58%	6.47%	6.44%	5.74%	2.31%
実施状況（一般職）	完全実施	管理職員1年遅れ実施など*	実施見送り	2.03% 実施	3.37% 実施	7月実施	完全実施
実施状況（指定職）	半年遅れ実施	1年遅れ実施	実施見送り	2.03% 実施	3.37% 実施	7月実施	完全実施

＊　81 年度はこのほか，期末・勤勉手当旧ベース凍結，調整手当 1 年遅れ実施であった．

た。これを受け取る側から見るとある種値切られたような数字であり、八三年度は約七割分、八四年度は五割分と値切り幅が緩和され、八五年度は実施時期の遅れのみとなり、八六年度から完全実施に戻っている。この間の経緯に関して人事院は、「昭和三十五年に現在の格差方式が使用されて以来、勧告率そのものが変更されて実施されたのは初めてのこと」(11)とコメントしている。複雑な給与決定の専門知識をもたない政府による実施水準の判断に、合理的根拠を見出すのは困難である。しかしその分、凍結という強い決断から、厳しいが一部実施、より緩やかな一部実施、時期のみの遅延、完全実施への変化に、政府の政治的意図を読みとることは不可能ではない。

その際、完全実施に戻った八六年度の人勧の改訂率が二・三一%と前例のない低さとなったことも注目される。この年の一〇月の『人事院月報』は、「例年と同様の方法によった『職種別民間給与実態調査』により調べた」結果だと説明し、勧告の手続に変化がないことを強調しており、特段の操作がされた形跡はない(12)。実際、八六年の成長率・インフレ率とも八〇年代では過去にない低さ（それぞれ二・八三%、〇・六%）であり、それに連動して民間給与と人勧の数字が低くなったと考えられ、人事院が中立的・専門的な立場からいわば淡々と勧告し続ける事実に変化はなかった。

そこで、八二年度から数年間にわたる給与決定の扱いから、政府の深層にある意図を解釈するならば、政治・世論・財政状況などから半ば自律的に行われてきた人事院勧告に対し、給与水準を最終的に決定するのは政府、あるいは国民全体の意思であるという事実を再確認したということができよう。すなわち、中立的・専門的な人勧制度といえども政治的な真空中に存在するものではないという、当然ではあるが戦後史の中で確認されてこなかった原理を政府は人事院に承認させたのである。このことが確認されたことで、政府による人事院へのある種報復的な措置は収束に向かったと見てよい。そして、この間の経緯は人事院のその後の存続にとっても必要な一段階であった。暗黙裡ではあるが、政府と人事院との間に歴史的な和解がもたらされたことは、八七年に人事院事務総長に就任した鹿児島重治の次の新聞談話ににじみ出ている。

「さしあたり、人事院制度そのものの改革といった話に発展することはないと思う。しかし、公務員は時代の子。社会の動きとともに仕事も処遇の仕方も変わる。勧告も、従来の延長線で考えてばかりはいられません。（中略）すべて白紙から出直すつもりでやります」(13)。

これは、自律性を保ってきた人事院ないし公務員制の、政府あるいは政治社会に対する応答とみてよい。公式制度としての人事院と人勧に直接の変更はなかったが、戦後の公務員制がその深みにおいてクリティカルな経験をしたことは疑いない。その後の日本は、地価・株価の急上昇、バブル経済とその崩壊を経て長い停滞期に入るが、公務員給与については世紀末までプラス勧告と完全実施が続き、その後はゼロ勧告・マイナス勧告が基調になるものの、二〇一一年に東日本大震災が起こるまで二五年間、人勧は完全実施され続けた(14)。

不祥事の多発と公務員倫理法

第二臨調・行革審・行革委員会と続く一六年間、公務員制度に大きな変更はないものの、その後の制度改革を準備する変化はいくつか起こっていた。まず、臨調行革の柱となった三公社(国鉄・電電・専売公社)の民営化は、行政の簡素化・効率化を進める突破口となり、国・地方を通じた行政本体の外部化、職員数と人件費削減につながっていく。次に、規制緩和と民間活力の導入は、海外で定着していた政策評価の影響も相まって、スクラップを含む業務の見直し、公務員の仕事の再点検を根づかせる契機となった。三番目に、直接的な政治主導ではないが、政府は審議会を通じて世論を喚起し、透明性のある議論を経て社会的合意を形成し、それに基づいて諸改革を進めるシステムを定着させた。裏返せば、このパタンを逸脱した改革の実行、例えば二〇〇一年の公務員制度改革大綱などについては、それを簡単には前進させない社会規範と秩序が形成されていた。

世界に目を向けると、景気低迷の背景にはグローバル化する経済が、民営化の発想には英米で進行した「新しい公共管理(NPM)」の動向が、透明化と制度改革を進める契機にはOECDなどでの国際的政策対話の圧力が、それぞれ関係していた。また「生活重視」や「生活大国」といったスローガンは、国際比較からみたミクロの日本の課題を問題にしており、内外価格差を生む行政制度の改善などを国際化の文脈でとらえる議論もある。(15) さらに八〇年代後半のバブル景気とその破綻は、世界第二位の経済大国となった日本の国際的責任の大きさを印象づけ、国際協力への財政負担を高める要因となった。そうした意味で、日本の政府システムは国際化の影響により強くさらされるようになり、国際社会への応答も課題となった。

しかし、これら改革への気運が具体的な制度改革に結びつくためには、特定テーマの争点化が不可欠であった。そして公務員制という重い帆船を新しい方角に動かした力こそ、官僚の不祥事に向かって吹き始めた世論の風であった。その最初の突風は一九八九年のリクルート事件であり、文部・労働事務次官が逮捕・起訴され、二〇〇〇年までに有罪が確定した。ただ、未公開株の譲渡による贈収賄の範囲は多数の政治家を巻き込んでおり、この時は政官財癒着の問題ではあっても、官僚のみの不祥事とは理解されていない。そのため九〇年代前半の課題は、選挙制度や政治資金規正法などの政治改革となった。九三年に細川護熙を首班とする非自民連立政権が成立すると、政治主導で地方分権改革が動き始め、五五年体制の終焉と戦前から続く官治集権体制の解体を予感させた。

九五年、主計局次長など大蔵省幹部への過剰接待が問題となったのを皮切りに、官僚の不祥事が続発する。九六年には、薬害エイズ事件で厚生省薬務局の松村明仁生物製剤課長が業務上過失致死罪で起訴され（二〇〇八年有罪確定）、特養汚職で岡光序治厚生事務次官が収賄罪で退職後に逮捕された（〇三年有罪確定）。事務次官の起訴・有罪・収監は戦後初の大事件である。九七年、泉井石油商会代表の官僚接待問題が元運輸事務次官の服部経治関西国際空港社長の収賄事件に発展（九八年有罪決定）、九八年には大蔵ＯＢ・室長・補佐クラスが銀行・証券会社からの接待汚職で起訴され、さらに防衛庁調達実施本部長が特別背任で有罪判決を受けた。これらの事件以外にも、二〇〇〇年以降にかけて疑惑は後を絶たず、自殺者も出るなど、九〇年代後半は官僚の信頼失墜が際立った時期となった。次節で示すが、九四年までは新聞にほとんど現れることのなかった「公務員倫理」の語を含む記事が、その後の五年間には三〇〇〜四〇〇件に増加している。

この間、政府の対応として、九五年八月に官房長官から「官庁綱紀の粛正について」が出され、九六年一二月に事務次官申合せ「行政および公務員に対する国民の信頼を回復するための新たな取組について」が出されている。しかし不祥事の発生は止まらず、メディアの批判は過熱し、橋本龍太郎首相は九八年一月の施政方針演説で公務員倫理法の制定を確約した。アメリカでは政府倫理法が利害関係者との会食の上限価格を設定していることなどが紹介され、「公務員倫理」とはそんな些末な事柄ではなく、もっと本質的な公務への献身、公益実現に向けた積極的貢献といった徳目こそ重要ではないかといった議論も交わされた。だが、行政部内での対応の限界は明らかであり、同年の通常国会に国家公務員倫理法案が提出された。その年は橋本行革が目指した省庁再編を柱とする中央省庁等改革基本法の成立が優先されたこともあり、結局翌九九年に議員立法により成立、二〇〇〇年四月から施行された。

倫理法の内容を要約すれば、憲法の「全体の奉仕者」性を再確認し、公務員法の「信用失墜・不名誉となる行為の禁止」規定（九九条）を補完するものであり、課長補佐級以上の職員に利害関係者からの利益の供与・供応接待に制限を設け、株取引・所得などに報告義務を課するというものである。新規立法とはいえ、全く新しい規範を定立したわけではなく、公務員法の枠内での「自律的責任」に対する信頼が失墜したため、国民の官僚批判を背景に国会が立法措置を講じたものと解すべきであろう。この時期は、参議院で国会オンブズマン構想の議論から九八年に「行政監視委員会」が設置され、衆議院の決算委員会も「決算・行政監視委員会」に改められた。さらに民主党も「行政監視院法案」を提出するなど、国会による行政統制が大きな政治テーマとなった(16)。

倫理法の実施については、人事院に国家公務員倫理審査会が置かれ、例えば一緒にテニスをするのはよいがゴルフ・旅行は不可といった行為規範の細目は倫理規程として定められた。相次いだ霞が関スキャンダルの防止に、職員の服務と懲戒を所管する人事院がどこまで関与し、どこまで各人の自律的責任に委ねるべきか、検討が必要だが、制度上は人事院に倫理保持に関する規程整備と監視という新たな任務が加えられることになった。

しかし、倫理法施行によって官僚の不祥事が根絶されたわけではなく、例えば二〇〇七年、四年の長期にわたり防衛事務次官を務めた守屋武昌が百回を超えるゴルフ接待などで収賄罪に問われ、一〇年に有罪が確定している。戦後二人目の収賄罪による事務次官の逮捕・収監となった。その後、実態および報道の量としての官僚の不祥事は二〇〇〇年から一〇年にかけて減少に転じ、代わって天下りがメディアによる批判の焦点となっていく。不祥事は公務員の日常における利害関係者との接触に関係し、天下りは退職時に斡旋される再就職先に関係するが、ともに組織内部にいる限り、常態化・常識化した慣行であった点が重要であろう。

倫理委員会は二〇〇二年以来、毎年一二月最初の一週間を国家公務員倫理週間と定め、研修などを通じて倫理意識の浸透を図っている。その際、公募による毎年の標語が示唆する倫理の意味は興味深い。一回目の最優秀作品は、「見つめてみよう　あなたの常識　あなたの倫理」であり、〇四年は「日々自問　自分の良識　世間の常識」、〇五年は「国民の　目線で見つめる　職場の常識」であった。これらは、倫理法が期待する「公務員倫理」が特別の倫理的徳目というよりも、庶民のもつコモンセンス（共通感覚）であることを示しており、「公務員の市民化」の視点から興味深い[17]。

霞が関で官僚が身につける感覚が世間常識といかに乖離していたかは、岡光の回想にも現れていた。岡光は彩福祉グループへの補助金交付に便宜を図った見返りに、代表の小山博史から自宅購入資金として六〇〇〇万円とゴルフ会員権を受け取り、高級車を長期間借りている。岡光によれば、金銭は二〇〇〇万と四〇〇〇万に分けて官房長室で受け取ったが、そんな場所でやり取りしたのは「不純ではない、借りたつもりのお金だったからこそ、『官房長室で堂々と受け渡し』をしたのだ」と述べる。九六年一一月、小泉厚生大臣に促されて辞表を提出、一二月に警察の事情聴取を受け二回目の聴取で逮捕されるが、「私はまさかその日にそこで逮捕されるとはまったく思っていなかった」といい、二五日に「クリスマス・プレゼントだよ」と起訴を告げられた時も、「ある程度は覚悟していたものの、やはりショックではあった」と回想する[18]。この危機意識の弱さは、霞が関での業者との金品のやり取りが一部で常態化していた事実を物語っている。

国家公務員倫理法は目指す目標と志の低さから、制定当初から公務員・政治家の間で総じて評判が悪かった(19)。だが、きわめて曖昧なままできた霞が関における服務・規律の内容を言語化し、公務員が踏み越えてはならない一線を法律で明確に示したことの意義は大きい。国会がイニシアティブをとって公務員の常識を外から問い直し、「国会による行政統制」の理念を実践に移し、職員の市民化に向けて公務員制を方向づけた点で、世紀の転換点にふさわしい改革であった。

行政改革会議と公務員制度調査会

国家公務員倫理法の制定が汚職事件に端を発する問題対処型の改革だったとすれば、同じ時期に政府で着手された公務員制度改革は、より総合的な改革の試みであった。具体的には一九九六年、橋本首相自らが議長となって行政改革会議（行革会議）を設置、中央省庁の改革に向けて議論を開始、公務員問題もその中で議論された。これと並行して九七年、首相の諮問機関として公務員制度調査会（公制調、辻村江太郎会長）が設置され、二〇人の有識者による専門的な審議が始まった。その結果、行革会議は九七年一二月に「最終報告」を、公制調も九九年三月に「基本答申」を提出し、その後十数年間にわたり続くことになる公務員制度改革の最初の文書が出揃った。いずれも公務員制度の変更に直ちに結びついたわけではないが、示された提案は当面の合意点として以後の改革を方向づけたといってよい。

行革会議の報告は、「肥大化・硬直化し、制度疲労のおびただしい戦後型行政システムを根本的に改め、(中略)簡素にして効率的かつ透明な政府を実現すること」とビジョンを示した。その柱は、府省の大括り化による簡素化(省庁再編)、内閣機能の強化(総理大臣の権限強化、内閣府の設置、内閣官房の機能強化)、行政組織の減量・効率化(独立行政法人の創設)、行政の透明化(政策評価制度、情報公開制度の実現)と要約しうる。いずれも公務員の数、帰属先、忠誠の対象、行動規範(政官関係・説明責任・自己評価)などに影響する重要項目だが、狭義の公務員制度は改革の焦点とはなっていない。

「V章 公務員制度の改革」の中で注目すべき項目は、省庁再編を機に「新たな人材の一括管理システムの導入」を提案し、「一括採用」にも言及している点である。また「中央人事行政機関の在り方」については、「中立第三者機関としての人事院の役割は重要」としつつ、他方の内閣総理大臣による総合的な人事管理を実現するための整理と見直しの必要にも論及している。行革会議の重要性は、首相のリーダーシップの下、省庁再編など困難と思われた提案の多くが二〇〇一年に実施されたことであり、公務員制度についても早晩改革が行われることを政府内外に印象づけた。

行革会議の詳細な分析を行った田中一昭は、公務員制度は体系的なシステムであるため、改革は一気に行うよりも、各省庁が運用面での改善を重ねることも重要だと指摘する。橋本首相へのインタビューでは、内閣官房の強化や行政評価などのために「民間から相当来ていただかなきゃならない。そこで邪魔になるのが、年金、共済」であり、「ポータビリティをどうもたせるか、容易でない」との発言を引き出している。さらに橋本は官民の人材交流について、官から民に行くと天下りと見られ、所得の違いもあるため、「マスコミの頭が変わらないかぎりだめなんじゃないか」と語っている。[20]

一方、公制調に目を向けると、委員の数が二〇名とそれまでの行革関係審議会より多く、メンバーにも官僚出身者が会長代理の石原信雄（元内閣官房副長官）を含めて七名いたことから、答申にはやや官僚作文的な表現が多く、戦略的・選択的というより実務的・総花的な色合いが濃い。[21]具体策に際立った提案が少ない半面、示された改革の方向性は学界・官界・労働界の見方を手堅く要約し、行革会議の政治的意向も受けたものといえる。すなわち、公務員制度に従来から求められている専門性、中立性、能率性、継続・安定性に加え、今後は「行政課題の複雑高度化に対応した能力向上」「簡素・効率的で機動的な行政の実現と総合性の確保」「国民の信頼の再構築」「雇用環境の変化に対応した雇用システムの実現」が課題だとする。その上で、「開放化」「多様・柔軟化」「透明化」「能力・実績の重視」「自主性の重視」という改革における五つの視点を提示した。

これらは、同時期に人事院に置かれた「新たな時代の公務員人事管理を考える研究会」（京極純一座長）が九八年に出した報告書「公務員人事管理の改革――柔軟で開放的なシステムをめざして」と重なる部分が多く、制度改革よりも運用改善で対応し得るものも少なくない。一方、自治省に設置された「地方公務員制度調査研究会」（塩野宏会長）も九九年四月に「報告」を提出し、国と共通の課題に加え、第三セクターへの職員派遣、臨時・非常勤職員の問題、女性の登用など、自治体でより顕著な争点となっているテーマをとり上げている。問題解決にはどこまで法改正が求められ、運用改善でどこまで対応できるかという論点は、国にも地方にも共通する。いずれにしても、戦後制定された公務員法を新たに書きかえるよりも、未だ十分実現していない法の精神をいかに根づかせるかが問題の本質として明らかになったといえる。

また、当時加熱していた公務員批判との関係でいえば、公制調の答申は、「政策企画立案能力に対する信頼の低下」「セクショナリズム」「幹部職員の不祥事」「いわゆる天下り問題」などを指摘しているものの、他人事のような記述で、何からとり組むべきか、優先順位は示されていない。例えば天下りに関連して、「再就職については、公正性、透明性が確保され、国民の信頼が得られる仕組みとする必要がある」とし、人材バンクの導入を提言してはいるが、公正・透明化という条件つきで容認しているように読める。以上の四つの報告・答申の意義とは、異なる角度から当時の公務員制度の抱える諸課題を洗い出し、論点を整理した点にあり、課題間にどう優先順位をつけ、いかに総合的に関連づけ、改革の手順を示すかは政治の判断に委ねられたといえる。

一九八〇年代に始まった行政改革の潮流は、九〇年代の政治改革と政権交代で動き出した政治主導の海流と合流し、にわかに吹き始めた官僚批判の風が政府という帆船を新たな方向に動かし始めた。三公社の民営化と規制緩和に始まり、情報公開、省庁再編、地方分権への対応で船のクルーたちは多忙を極めたが、世紀の変わり目の段階では、その組織と行動原理である公務員制に目に見える変革は起きていなかった。改革が起動する契機となったのは、続いて述べる天下り問題の扱いであった。

2 天下り問題と世論

二一世紀の日本国政府は、行革会議の報告に基づき一府一二省にスリム化された行政機構でスタートした。この時「中央省庁再編に魂を吹き込む入魂作業」（野中広務自民党行革推進本部長）として、従来の審議会方式とは異なるやり方で公務員制度改革の検討が始まった。具体的には、二〇〇一年一月に設置された内閣官房行政改革推進事務局公務員制度改革推進室において、経済産業省の官僚を中心に集中的に作業が行われ、一年間の内に「公務員制度改革の大枠」「基本設計」「公務員制度改革大綱」が相次いで提出され、これをベースに政府は改革を実行するかに思われた。ところが、内容以上に議論の進め方に対して多方面から批判がなされ、公制調の答申で示された方向性とも一致せず、「大綱」の路線は頓挫とは言わないまでも、長い足踏み状態に陥ることになった。結局、二〇〇八年の国家公務員制度改革基本法の制定でいわば仕切り直しとなり、同法の改革が一段落するにはさらに六年を要することになった。

では、公務員制度改革の気運が弱かったかといえば、天下り批判を中心に世論が沸騰し、改革へのエネルギーは十分だった。問題は「大綱」を策定した一部のグループの考える改革の内容が、メディアや世論の期待とはかなり異なる方向を向いていたことであった。そこで本節では、「大綱」が目指した改革とそれが挫折した背景を明らかにし、その後公務員問題の最大争点となった天下りをめぐる議論を跡づける。その経緯から、改革と世論の関係を考えたい。

公務員制度改革大綱と「霞が関文化」の危機

二〇〇一年一二月、公務員制度改革推進室の策定した「公務員制度改革大綱」が閣議決定をみるが、それは以下のように特異な内容を含み、手続的にも閉鎖的で不透明な審議の進め方であった。八〇年代から改革における審議会方式が定着し、議事録公開も一般化していたにもかかわらず、なぜ公制調が示した改革の方向に逆行する内容の文書が出されたのか、それ自体が政府システムの転換の実態を示唆する重要な素材といえる(22)。

まず、大綱のターゲットの一つは人事院の権限縮小であった。具体的にそれは、(一)人事院の権限である級別定数制を廃止し、内閣と各省大臣が運用責任をもつ「能力等級制度」を創設する点、(二)再就職に関する人事院の事前承認を廃止し、各省大臣の判断に委ねる点、(三)採用試験における人事院の企画立案機能を内閣に移す一方、採用実数の二倍程度の合格者を四倍程度に増やし、試験より面接重視の採用に移行する点などに現れていた。

戦後の公務員制は職階制の挫折により、すでに分権的な性格が強く、人事院による採用試験の実施を除けば各省が採用者を決め、その後の人事管理も省ごとに行われてきた。人事院の関与は、給与における級別定数の審査のほかに、出口での再就職の事前承認がある。個別人事には介入しないものの、各省の人事部門から見れば細部にわたり多数の文書を求められ、柔軟な人事配置と処遇、再就職斡旋への障害となっているという認識が読みとれる。結果的に(一)と(三)の機能について人事院から総務省に移管されることになるが、問題となったのは(二)の再就職の承認手続であった。

公務員生活の出口にあたる退職管理に関しては、トップに近づくほどポストが減少するため、人事部門にとって新陳代謝に必要な再就職先の斡旋は不可避となる。キャリア官僚にとって、肩たたきが行われるのは五十歳前後からであり、再就職（天下り）は生活のための権利そのものといえる。人事院の再就職の事前承認、天下り規制は、その現実を容認した上で、半ば形式的に行われてきた。すなわち当時の国公法の規定（一〇三条）では、退職前五年間に在職していた国の機関等と密接な関係のある営利企業への再就職を、退職後二年間はできないとされていたが、多分野を渡り歩くキャリア官僚と企業との関係はより組織的なものであるため、官庁と関連企業の癒着した関係をある程度容認した上での、人事院による例外の承認であった。「大綱」は、この形式的ではあるが公式の歯止めさえ解除し、実際の人事には介入できない大臣の判断に委ねるという、事実上の天下り容認路線に舵を切ろうとしたといってよい。

すでに天下り批判の世論の声は強く、あえて世論に逆行する提案がなされた背景には、推進室による不透明な議論の進め方があった。まず、審議経過を示す議事録類が一切残されておらず、直前に出された公制調の答申のうち何がどう議論され、何を採用したのかの議論は全く不明だった。また、そこで各界の最大公約数的に示された「五つの視点」の一つである「透明性」について、推進室が問題にしたのか否かも検証できない。出された「大綱」を見る限り、公制調の答申を考慮することなく、経産省から出向した推進室の幹部がその本音を貫こうとした特異な姿勢に印象づけられる。さらに、推進室の議論の密室性と強引さを内部告発する民間メンバーによる長文の手記「公務員制度改革放浪記」が外部に流出し、一部の雑誌にはそれを裏書きするような記事が掲載されていた[23]。そうした文書には、公制調に諮問した橋本元首相自身が「大綱」路線を強く後押しした事実も伝えられていた。その意味で、推進室のあり方も「大綱」の内容も、政治色の濃いものであった。

ここで「政治的」というのは、良くも悪くも戦略的かつ党派的な意図をもって「大綱」の審議・立案が行われたということであり、筆者は当時その意図を「霞が関文化の温存」と呼んだ[24]。霞が関文化の意味するところは、特権的キャリア官僚を中核的担い手とし、行政指導や天下りを媒介にした官庁と業界との閉鎖的コミュニティ、密着型の政官関係、融合型の中央地方関係を土台に、稟議制に象徴される組織内コンセンサスを重視する「相互性」文化と要約しうる。実際、九〇年代に入ると透明化を志向する行政手続法・情報公開法の制定、地方分権改革の進展、各省一家主義に切り込んだ省庁再編などを通して霞が関文化は次々と試練にさらされた。ただ、文化に関する議論が優劣・善悪の判断を留保するように、筆者も霞が関文化をすべて問題視しているわけではない。戦後復興と高度成長に果たした役割や、献身・協力の精神は正当に評価すべきであろう。それゆえ、武士道にも通ずる日本の伝統の喪失に強い危機感をもつ官僚の心情は自然なものといえ、橋本元首相の後押しを得て「大綱」の閣議決定にこぎ着けたと想像しうる。

だが、ここには複数の「危機」が混在していた。侵食され始めた霞が関文化の担い手の危機感は、まず人事院という中立的第三者機関を標的とし、その存続を危うくした。また、運用次第では天下りを容認しかねない大綱の提案により、国民の行政に対する信頼も危険な状況に陥ったというべきである。国民の信頼低下が危機だというのは、公務員の積極的な政策対応や善意の行為までが疑いの目で見られ、民間からの情報収集、各方面との調整、再就職のすべてが悪であるかのように誤解され、職員の士気の低下を招きかねないからである。加えて、危機的な財政は総人件費削減の圧力を生み、労働基本権回復に向けた動きを刺激することになった。それ以上に、グローバル化、少子高齢化の波を受けつつある日本社会の舵取りをするために、公務員の専門能力も厳しく問われる時代に入った。「大綱」が能力等級制という形でこのテーマをとり上げたのは妥当ではあるが、ではキャリア制度をどう改革するのかといった議論は避けられていた。

こうして公務員制度改革の議論は一方向に収束せず、異なるベクトルの力が働いて調整困難な状況となり、長い足踏み状況を迎えることになった。その中で改革を一定方向に動かし始めた力こそ、天下りの是正を求める世論の烈風であった。

天下り問題の争点化

ここまで、再就職と天下りという二つの言葉を文脈に応じて使い分けてきたが、是正または根絶が求められる「天下り」とは一体何を指すのだろうか。その実態は、個人情報にかかわることから個別にも全体像も透明度が低く、この慣行だけを切り取るにはあまりに深く官庁人事システムに組み込まれ、何より定義自体がきわめて曖昧である。常識的には、天下りとは定年の六十歳前に退職を余儀なくされる公務員の再就職のことであり、人事管理上は退職管理として位置づけられ、人事の本質から見れば周辺的に位置するように見える。だが、将棋の駒のごとく本省の上層に行くほどポストは限られ、入省年次の逆転や降格人事を避けようとすることから、キャリア官僚に対して「肩たたき」による早期勧奨退職の慣行が定着してきた。「昇進か退出か」(up or out) である。再就職先が所属官庁と関係の深い民間企業の場合、官と業の癒着の温床、無駄や非効率の基因となっているとして、また特殊法人など非営利法人への再就職の場合も官僚の特権性を象徴するものとして、世論の厳しい批判を浴び続けてきた。個人の実力による職場開拓の努力を欠いた、所属官庁のあっせんによる組織的な対応である点、「わたり」と呼ばれる再就職後の転職回数の多さも問題とされてきた。

他方、天下り慣行は病理というより、官庁人事システムの新陳代謝を維持する生理の一部との見方も根強い。真渕勝は天下りの効用に関して、官庁活性化説、賃金補償説、能力活用説、ネットワーク説、影響力均等化説などの「機能」面の議論を紹介した上で、「天下りへの期待が、官僚のインセンティブを高めてきたことも確かである」と述べる[25]。中野雅至は、送り出す側と受け入れ側の相互的性格を指摘した上で、天下りの組織内要因について、職階制の未実施、同期入省者の横一線昇進にみられる平等主義的人事、不十分な年金制度などを指摘する。また受け入れ側の企業や団体については、官庁からの自立性が高ければ天下りは少ない傾向があると考えられ、規制・補助金・税制・融資・行政指導などが密接に関係するという。とはいえ、営利企業への天下り件数は一九九五年頃から急落しており、景気の影響に強く左右されていると分析する[26]。

天下り問題は国会でもしばしばとり上げられてきたが、政府がその根絶の方針に舵を切る契機となったのが、二〇〇七年三月一六日の江田憲司衆議院議員による「いわゆる『押し付け型の天下り』禁止に関する質問主意書」と、それに対する安倍晋三首相の次の答弁書であった。それは、事務次官等会議の異論を押し切って閣議決定されるという前例のないものであった。

「予算や権限を背景とした押し付け的なあっせんによる再就職を指すものと考えており、その意味では、字義のとおりであるが、その中には、国民の目から見て押し付け的なものも含まれていると考えている」(同年三月二七日)。

国民が「押し付け型の天下り」だと判断する再就職もその分類に入ることになり、適否の判断における「国民の目の優越」を首相自らが認めたともいいうる。こうして答弁書の内容でも、また閣議決定までの手続においても、安倍首相は官僚との対決姿勢を鮮明にし、同年夏の参院選での自民党のマニフェストには年金問題の次に「公務員制度改革の断行」を掲げ、「天下りは根絶」の部分は朱色で強調されていた。なお野党の民主党もやや控えめではあるが、「行政のムダをなくす」として「談合・天下りの根絶」を掲げていた。

閣議決定をみたとはいえ、この説明を天下りの公式定義とするのは妥当とはいえない。この定義では当事者である職員側の最低限の理解さえ得られず、その理由は送り出す側と受け入れ側の相互性、あるいは退職勧奨を受ける職員の立場を考慮していないからである。天下りの根絶が困難な背景を定義に織り込むためには、「霞が関の論理」にも言及しておく必要がある。そこで筆者はかつて次のような定義を試みた。「天下りとは、一方では縦割り型官庁内部の人事慣行と組織運営秩序を前提とし、他方では官庁とその規制・監督・助成対象となる企業・団体との公式・非公式の関係を背景として、定年前に退職せざるを得ない幹部職員が所属官庁の斡旋により再就職するところの、市民の目には不透明でアンフェアと感じられる慣行である」[27]。

中野が天下りの状況依存性を強調するように、この説明が前提とする官庁の人事慣行や組織運営の秩序はダイナミックに変化する可能性があり、実際、規制強化により所属官庁があっせんする営利企業への再就職は困難になってきた。その規制強化を政府に促した力に、世論の動向があることは疑いようもない。

二〇〇七年三月、内閣府政府広報室は「公務員制度に関する特別世論調査」の結果を公表した[28]。調査目的は、「公務員制度に関する国民の意識を調査し、今後の施策の参考とする」こととされ、対象は全国二十歳以上の三〇〇〇人、有効回収率は六〇・五%で、方法は調査員による個別面接聴取であった。「国家公務員の制度の問題点」として最多が「天下りが多い」で七五・五%にのぼり、次いで「働きが悪くても身分保障されている」六五・一%、「給与が民間に比べ高い」五六・七%、「数が多い」五六・四%と続いていた。また、その解決策に関する回答としては、「企業等に再就職することは認めるが、出身の役所とは接触できないよう規制する」の四四・一%が最多で、「定年まで勤め上げるようにする」二六・八%、「再就職することが可能な企業等の選択を制限する」一九・六%と続いた。給与や公務員数について国民の知識の程度がやや疑われるにしても、天下りを問題視する「世論」の方向は明らかであり、解決策への回答が「今後の施策の参考」とされたことは疑いない。このあと数字を示すが、〇七年前後は「天下り」に関する報道の量が急増し、最大の争点の一つとなったのである。

こうした世論の加熱を受け、安倍内閣は〇七年七月に国公法を一部改正し、再就職のあっせんの禁止、官民人材交流センターへの扱いの一元化、再就職にかかわる官民（現職とOB）双方の働きかけ規制が行われることになり、再就職等監視委員会の設置も決まった。その二年後の政権交代により、マニフェストに「天下りのあっせんを全面的に禁止」と謳った民主党が政権の座に就くと、逆に下野した自民党から公約が骨抜きになっているとの批判が始まった。具体的には、あっせんの事実が確認しにくい「裏下り」や「現役出向」（現役天下り）などの問題が追及され、結果として幹部人事の滞留や退職年齢の遅延がすべての官庁で顕在化してきた。

他方、〇八年末に再就職等監視委員会と官民人材交流センターが設置されたものの、後者は民主党政権下では活用されなかった。独立行政法人や特殊法人への再就職規制については、その整理合理化と並行して、〇四年から役員に占める官僚OBの割合を半数以下にとの制限を設け、〇九年に鳩山内閣は「独立行政法人等の役員人事に関する当面の対応方針について」を閣議決定し、役員人事は公募によることとされ、外部有識者の選考による公正で透明性の高い評価が導入された。こうして歩みは遅く抵抗も続くが、公務員の再就職の透明化とルール化は一歩ずつ前進してきた。

〇七年夏の参院選で「天下り根絶」を叫びつつも敗北した安倍首相は、一二年末の総選挙で再度政権の座に復帰した。この間に〇八年、福田内閣の下で与野党協議を経て国家公務員制度改革基本法が成立し、改革の方向についての政治的な合意がなった。これについては後述するが、退職管理と滞留する幹部処遇の困難は続き、各省人事における矛盾は深まりこそすれ、現在まで解消には向かっているとはいい難い。加えて天下りに関する世論に軟化の兆しはなく、野党に加えメディアによる監視はむしろ厳しさを増しているように見える。こうした世論・状況に政府はどこまで応答すべきであろうか。一般論では答えにくいテーマだが、以下行革と世論の関係を考えてみたい。

応答的政府と世論

Ⅱ章で発展論的に提示した「応答的政府」とは、国民の意思・期待・疑問に応答するところの民主的で責任ある政府である。公務員集団からみれば、応答すべき対象は大臣・内閣（首長）・議会という政治主体だが、政府全体から見れば国民と世論が応答の重要な対象となる。とはいえ、価値観が多様化した現代では国民の意思も世論も一枚岩からはほど遠く、相互に矛盾することも少なくない。政府による応答の対象および方法は選択的にならざるを得ず、かといって恣意的な選択では不信を生み、多様な意見や集団への応答の試みはディレンマを生む。また応答的政府は、世論への応答を理由に信託を受けた政府としての責任を放棄できず、素人たる国民への説明責任を果たしつつ、専門的見地から政策を立案実施し、結果に対しても責任を負わなければならない。その意味で、応答的政府の職員には常に「責任のディレンマ」がつきまとう。

戦後日本の経済・社会状況が生んだ自律的政府は、説明責任の契機を欠いていたものの、省益に大

き く反しない限り、自律的責任の意識は備えていた。戦後復興、高度経済成長という路線選択には国民的な合意があり、どの事業展開も各省庁の予算・権限・人員の増加を伴った。しかるに九〇年代に入って成長がゼロないしマイナスに転じ、行財政資源が枯渇し始めると、政策の優先順位や事業のスクラップをめぐって省益に反する判断を迫られるようになった。さらに官僚の不祥事が続発するに及び、公務員倫理の立法化に見られたように他律的に規律強化を強いられるにいたった。その後加熱する天下り批判の世論に対しては、少なくとも当事者たる官僚からの説明がなされないまま、所属官庁の斡旋による再就職はあってはならないこととされ、不透明で曖昧な慣行として制度の表面からは姿を消そうとしている。

こうした環境変化の中で、気まぐれな風のような世論を政府システムの進化を促す契機ととらえることは妥当だろうか。ここで、「世論」の概念についてはごく一般的・中立的に、「公共課題に関する人々の意見の集合および動態」と理解しておきたい。[29]「動態」が意味するところは、世論の可変性と同時に、議論と情報の流れの中に身を置くことによる個々人の理解の深化、見方の変化も指しており、移り気で当てにならないという否定的な側面と、そのダイナミズムが民主主義を成熟させるという肯定的な側面の双方を含む。前者に関しては、メディアという疑似環境の中でものの見方が単純なステレオタイプに陥るというW・リップマンの見方のほか、深刻な無知と不寛容という危険、世界に広がるポピュリズム（大衆迎合）の傾向に関する議論などがあげられる。[30]中野雅至が論ずるように、単なる公務員批判から感情的なバッシングをくり返すようになったメディアと世論の病理現象はその一例である。[31] 他方、後者の例としては、二〇一二年に実施された「エネルギー・環境の選択肢に関する討論型世論調査」をあげることができよう。

しかし世論に関して重要なことは、その内容の是非よりも、改革のエネルギーとしての意義である。松下圭一は、「世論のレベルで議論の争点にもならないような政策は、政策たりえない[32]」と指摘し、世論の存在が政策形成や制度改革の基本条件である点を強調する。また、「政策は『世論』という合意の文脈のなかで、はじめて実効性をもつことができる[33]」と述べ、世論に社会的合意の一つの形を見る。第一次臨調の政治過程を分析した西尾勝は、臨調が世論の支持をバックに改革を進めようとした点に注目し、「世論とは、行政改革に関する意見ではなく、これを支持する力ないしエネルギーを意味した[34]」と指摘する。実際、臨調の会長声明は「行政改革に関する御意見」を求めはしたが、期待の力点は「調査会を激励する声」にあり、世論が公務員の実質的な能力よりも「役人根性」ばかりを感覚的にとり上げていたことや、改革の方向性も曖昧だった点に言及している。

牧原出は二〇〇〇年以降の公務員制度改革に関して、「首相のリーダーシップが不在でありながら、改革が持続していた」ことのパラドックスを指摘する。改革の実態は時々の不祥事への対処だったとし、その評価自体は厳しいが、世論が改革を実際に動かしたとの認識を示している。そして、官僚バッシングを改革の動機とするだけでは恒久的な制度設計には結びつかないとし、「公務員制度改革は別の論理によって、絶えず補強される必要がある」と述べる。[35] このことは、政府は世論に流されるまでは的確な方向性は見出せず、専門的な見地からの責任ある判断が必要だという意見とみてよい。

「補強」という言葉からは、世論は決して十分条件ではないが、改革の必要条件であり、その前提とされていることも読みとれる。

これらの言説はいずれも、世論の多元性・問題性・曖昧さを認識した上で、政策と改革に対してもつその実質的な力、積極的な意義を認めていると理解できよう。公務員問題に関する世論が時にいかがわしさを感じさせるとしても、改革におけるその影響力に注目する必要はいささかも減じないのである。

ここで天下り批判の世論の「量」について数字を示すならば、「天下り」の語を含む新聞記事の件数は一九九五年以降急増し、高止まりする。特に二〇〇五〜〇九年の五年間は異常な多さで、年平均で朝日五八七件、読売四七一件、日経二五六件となっており、天下りに関する記事を見ない日はないほどであった(36)。あくまで例示に過ぎないが、日経社説の表題を拾うと、「理解できぬ天下り助長策」(〇六・九・二五)、「天下りあっせん禁止へ実効ある案を」(〇七・三・二〇)、「麻生首相は公務員改革を後退させるな」(〇九・一・一七)など、くり返し天下り規制強化の必要を論じている。

一方、再就職の規制をみると、国公法による関係営利企業への再就職禁止規定の例外として人事院による事前承認制が続き、年次報告(公務員白書)などで承認件数を公表してきた。数としては、ピーク時の八五年度に三二〇件あったが、九〇年代に入ると急落、九八年度から一〇〇件を下回るようになり、二〇〇〇年は四一件だった。とはいえ、ここには特殊法人など非営利法人(外郭団体)への再就職は含まれず、それに関しては政府関係特殊法人労働組合協議会(政労協)が九〇年まで『天下り白書』を刊行してきた。また、〇一年から公務員白書は人事院承認以外に各府省承認分の数も合わせて公表するようになり、同年は前者の七〇件に対し、後者の府省承認数は十倍以上の八二七件であることが明らかにされた。なお、先に触れた〇七年の国公法改正により人事院の承認がなくなったため、総務省が営利法人と独立行政法人など非営利法人への再就職状況をあわせて公表するようになり、一四年の内閣人事局設置以降は同局が氏名、離職時の官職・年齢、再就職先などの個人情報を含め詳細を公開している。二〇一五年度の総数は一四六四件で、うち財務省（四一六）と国土交通省（三四六）が突出していた。

こうして、世論とメディアの天下り批判を受けて政治が動き、内閣と国会による制度改革が行われ、行政による再就職状況の公表・透明化も進んできた。その後、世論はやや落ち着いたかにみえるが、例えば、二〇一三年に経産省と文科省ＯＢの在職する財団等が国の原発広報の六六％を受注している実態が報じられ、また二〇一七年一月には文科省ＯＢの現役職員による再就職の斡旋について報道が過熱するなど、メディアは監視の目を緩めてはいない[37]。世論は突風やつむじ風のごとく、表面的な報道に左右されたり、単一の事件で方向を大きく変えたりしがちである。だが、こと天下りに関する限り、過去二〇年以上にわたりその是正・廃止を求める声は持続し、恒常的な偏西風のように公務員改革に方向と推進力を与え続けている。確かに制度設計には異なる思考と論理が求められるとしても、天下り批判の世論には社会の「集団的英知」が含まれていると考えるべきであろう。

3　公務員制度改革と内閣人事局の設置

世論・争点化・政治的エネルギーの結集という点では、再就職の規制強化と透明化を図った二〇〇七年の国公法改正は公務員改革の一つの画期であった。だが、九〇年代から続く公務員制度改革の諸論点からいえば、天下り問題は全体のごく一部に過ぎない。例えば行革会議が提案した内閣官房の機能強化、公務員制度調査会がとり上げた総合性の確保と専門性・能力の向上、「大綱」の示した能力等級制度など、公務員制のより本質的な部分については、与野党間でも政府内でも改革の方向について合意ができていなかった。これらのテーマは、その内容も決め方も政官関係の改革と連動し、また総人件費の削減方針は人事院勧告の扱いに影響し、そこから公務員の労働基本権回復というテーマが浮上するなど、改革議論はきわめて複雑な様相を呈していた。

それら項目の多くは今なお改革の途上にあるが、本節では二〇〇八年の国家公務員制度改革基本法の制定と、その具体化である二〇一四年の内閣人事局の設置までの経緯を追うことで、現在の公務員制の戦後史における位置づけを試みたい。

国家公務員制度改革基本法と政官関係

二〇〇七年六月、安倍内閣は通常国会を延長して改正国公法案を成立させたものの、直後の参議院選挙で惨敗、九月に退陣して福田康夫内閣に交代した。この時生じた衆参のネジレ現象は一二年末まで断続的に続くことになり、多くの改革が減速した。こうした状況下で、求心力が強いとは言えない福田内閣の下で、〇八年夏に与野党協議を経て国家公務員制度改革基本法（以下、基本法）が成立したことは注目に値する。というのも、〇九年の政権交代を前にした与野党の激しい対立の中で、政と官との対抗軸から改革のエネルギーが生まれ、公務員制度の設計に一つの方向を与えたからである。基本法は法文上初めて「議院内閣制」の語を用い、基本理念の第一に「議院内閣制の下、国家公務員がその役割を適切に果たすこと」を掲げて官に対する政治の優位を明示した(38)。

基本法のアイデアは、〇七年四月の閣議決定「公務員制度改革について」において、天下り規制と別に「パッケージとしての改革」として示されていた。そこでは、「採用から退職までの公務員の人事制度全般の課題について総合的・整合的な検討を進めることとし、公務員制度の総合的な改革を推進するための基本方針を盛り込んだ法案（国家公務員制度改革基本法（仮称））を立案し、提出する」と明記され、具体的には「専門スタッフ職の実現」「公募制の導入」「官民交流の抜本的拡大」「定年延長」を含むこととされ、国公法の改正に続いて立案されることが予定されていた。

〇七年六月の国公法改正を受け、七月に二つの審議会が設置された。一つは内閣官房長官の下に設置された「官民人材交流センターの制度設計に関する懇談会」（センター懇、田中一昭座長）であり、公正で透明な再就職支援のあり方を一五回にわたり議論した。もう一つは、首相の下に設置された「公務員制度の総合的な改革に関する懇談会」（制度懇、座長・岡村正東芝会長）であり、議院内閣制の下での公務員の役割、政官接触の制限、人材の採用・育成・登用、公務員倫理、国際対応、官民交流、職員のワーク・ライフ・バランス、人事管理の責任体制（内閣人事庁の創設）につき、一二回にわたり文字どおり総合的な審議を行った。両懇談会とも審議資料・議事録・動画をウェブ上に公開し、天下りを含む官庁人事の実態と改革過程の透明化に大きく貢献したといえる。

加えて、くり返し議論されながら結論に至らなかった公務員の労働基本権問題については、〇六年七月に政府の行革推進本部に設置された「専門調査会」（座長・佐々木毅東大名誉教授）が検討を重ね、〇七年一〇月に報告を提出している。その内容は「責任ある労使関係」、「労使関係の自律性」、「国における使用者機関」の確立などを柱とするが、消防職員・刑事施設職員への団結権付与、公務員への争議権付与については意見が分かれ、改革には概ね五年程度の期間を要するとした。

「制度懇」は〇八年二月に報告書を提出し、〇九年通常国会に「内閣人事庁」設立のための法案提出を記していた。だが、政府は同報告書の内容に沿って、渡辺喜美公務員制度改革担当大臣の下で一気に基本法の立案を進め、〇八年四月四日に閣議決定をみた。しかし基本法案に対しては野党以上に与党・政府内からの批判が強く、閣議決定前の各紙の見出しを拾うと、「公務員改革、火種に」「閣僚亀裂、福田首相あいまい」（二月二二日、朝日）、「与党などに異論も」（三月九日、日経）、「最終案、合意できず」（三月二二日、読売）といった報道がなされていた。具体的には、基本法案の柱である政官の接触制限、内閣による人事の一元管理、内閣人事庁構想に関して、政府内に合意があったとはいいがたい。むしろネジレ国会という状況を背景に、廃案の可能性を念頭に置いた了解だったとさえ考えられる。

対立が表面化していたのは、推進派の渡辺担当大臣と慎重派の町村信孝官房長官との間でだったが、これは党人派と官僚ＯＢ派の対立とは言い切れず、政治家と官僚の対立にも還元できず、与野党とも内部で意見が分かれており、何よりも福田首相の姿勢が明確ではなかった。しかるに五月後半、首相自身が通常国会で基本法成立を最優先すると強い意向を明らかにしたことから、神経戦を続けていた与野党間で妥協が成立し、「急転直下の修正合意」とメディアも驚く展開で、修正案が両院を通過したのである。

国会審議での主な修正としては、まず政府案では政官の接触を原則「政務専門官」に限ることにしていたが、修正により政務専門官は置かず、接触制限の規定も設けないこととし、接触記録の作成・保存・公開が明記された。第二に、幹部の一元管理のための「内閣人事庁」設置案が、「内閣人事局」となった。機能に大きな変更はないが、内閣官房長官を長とし自律性の高い外局とするか、内部組織にとどめるかの違いは小さくない。第三に、キャリア制度と採用試験に関連して、新設の「総合職」の合格者を内閣人事庁で採用し、各府省へ配置するとしていた政府案が、修正により従来どおり各府省採用となった。一括採用という画期的な考え方は修正により結局実現しなかった。だが、両院において共産党を除く与野党がほぼ一致して賛成・可決したことの意義は大きい。手続面では、党派を超えた政治的意思の確認がなされたことになろう。修正により加筆された「政治主導」の文言を地で行く国会審議だったといえる。

さて、成立した国家公務員制度改革基本法のエッセンスは次のように要約できる。まず、基本法は改革の方向性とスケジュールを定めたいわゆるプログラム法であり、制度設計の細目は内閣に五年の期限付きで置かれた「国家公務員制度改革推進本部」での検討に委ねられた。内閣人事局の設置は、同法施行後一年以内に法制措置をとるとされたが、実際には本部解散後の二〇一四年五月、大幅に遅れて設置された。

次に、改革の理念としては議院内閣制の下での公務員の役割を明記し、多様な能力・経験をもつ人材の登用と育成、官民の人材交流、国際化対応、職業倫理の確立と能力・実績に基づく評価、仕事と生活の調和と男女共同参画、人事に関する説明責任体制の確立が示された。第三に、これらの理念を実現するための制度として、国家戦略スタッフと政務スタッフの創設、幹部職員・管理職員の範囲の確認、政官関係の透明化、内閣官房による幹部人事の一元化が規定された。また試験区分を総合職・一般職・専門職に再編し、幹部候補育成課程を整備することで、入口選別制に基づくキャリア制度の見直しを進めることが企図されていた。

廃案の予想が流れる中、福田首相の決断と与野党間の妥協が基本法を制定に導いたが、その背後には、公務員問題に注目するメディアと世論の存在があったというべきである。さらに、渡辺担当大臣以下、公務員改革に深くコミットする政党幹部とそれを支えた官僚の存在も無視できない。こうして政府および与野党の中に、基本法案を廃案にはできないという気運が高まり、結果的に改革志向で比較的穏当な内容が合意を見、改革は次の段階に進むことになった。

政権交代と改革競争

二〇〇八年八月に内閣改造を行った福田首相は、九月に入り突然辞意を表明、麻生太郎内閣に交代した。基本法に沿った国公法改正案が〇九年の通常国会に提出されたが、自民・公明連立政権にもはや求心力はなく、解散を前に審議未了で廃案となった。八月の総選挙で民主党が圧勝して政権交代が実現し、鳩山由紀夫内閣の誕生で衆参のネジレも解消した。基本法が与野党合意に基づいていたことからいうと、一三年までの改革実施に大きな困難はないかとも思われた。だが、鳩山首相は一〇年六月に在任九か月で辞任し、国公法改正案は再度廃案となった。続く菅直人内閣は、発足直後の参院選で敗北、再びネジレ国会の運営を余儀なくされ、翌一一年三月に起きた東日本大震災と福島原発事故への対応に追われる中、四月に公務員制度改革推進本部から改革の「全体像」が示された。これに沿って政府は、人事院の廃止と人事公正委員会および公務員庁の設置という大胆な提案を含む公務員制度改革関連四法案を提出したが、菅内閣でも、続く野田佳彦内閣でも成立にいたらなかった。[39]

「大綱」の閣議決定から数えて一二年の時点で、なお改革が決着しなかった理由はどこに求めるべきだろうか。国会のネジレ、政官の対立、政権内での優先順位といった政治状況も理由の一つではある。だがこの時期に政党間、あるいは日本経団連や経済同友会など経済団体の間で一種の改革競争が過熱したことも小さくない要因であろう。改革をめぐる与野党の関係では、基本法制定の中心にいた渡辺喜美が麻生政権と対立、〇九年に自民党を離党し、総選挙前に脱官僚・地域主権・生活重視を結党の精神とする「みんなの党」を立ち上げたことが注目される。同党は一四年の解党まで五年間、自民・民主の両党から距離を置く第三局として存在感を示し、小さな政府・脱官僚の路線が国民から強い支持を集めるテーマだったことを物語っている。改革関連法案の立案では、担当大臣時代に補佐官に起用した経産官僚から主要なアイデアを得ており[40]、人事行政の専門性を伴った改革案が国会の内外で競う状況が生まれた。より大胆な対案が出されると、原提案はそれだけで色あせて見えることが少なくない。

改革関連四法案の場合、支持母体に労働組合をもつ民主党にとって公務員の労働基本権回復は避けて通れないテーマであった。ここに手をつけると論理上、基本権制約の代償措置である人勧制度の廃止が導き出され、大がかりな組織改変案となったと考えられる。基本法では、労働基本権問題について「国民に開かれた自律的労使関係制度を措置する」と曖昧な表現になっていたが、実際これを制度化する段階になると、関係方面との調整が必要となり、組合との交渉は長期にわたり、人事院との論争も容易に決着がつかないことが予想された。

このことを、西村美香はより一般的な文脈で、勤務条件法定主義や分散的な人事行政機関など、公務員制を構成する諸制度に対して矛盾なく改正するには各論に綿密な制度設計が求められ、高い専門性と調整が必要となる点を指摘する[41]。基本法のような構想段階で方向性が合意されても、実際に法律の形に設計できるかどうかは別問題だということになる。この点にも触れながら、原田久は人事院が勧告制度の経験から培った専門性、とくに論理的な説明能力が組織レピュテーションを高めてきたことを論じている[42]。改革案を出す内閣の側が、人事院の「意見の申出」を論駁するほど説得的な提案をできていないとし、専門性が政治主導に距離を置く契機となることを示唆している。しかし、政治的応答性が専門性・論理性と正面から衝突する場合、一定条件の下で前者が優先することは避けられない。このあと述べる給与改定特例法はその好例であろう。

さて、〇九年の政権交代は公務員制度の改革には結びつかなかったものの、改革の中心テーマである政官関係に実質的な変化をもたらした。総選挙のマニフェストに、「官僚丸投げの政治から、政権党が責任をもつ政治家主導の政治へ」を五原則の第一に掲げ、選挙後民主党が最初に行ったのが事務次官等会議の廃止であった。明治一八年の内閣制度発足以来、一二三年にわたり存続してきたとされるこの非公式の慣行を、民主党は「官僚主導の象徴」だとして早い段階から廃止の方針を打ち出していた。次官会議については、橋本内閣で厚生大臣を務めた菅直人が著書『大臣』の中で次のように指摘している。すなわち、閣議は形骸化して実際にはサイン会になっており、実質的には事務次官等会議が全員一致で賛成した案件だけを翌日の閣議に上げており、次官会議が行政の最高意思決定機関となっている現実を批判していた。

九月一四日、最後となる事務次官等会議について各メディアは詳しく報じ、複数の次官のコメントも伝えている。彼らの反応は総じて平静であり、「閣議を円滑に運営するために事前の調整をしていた。それがないと行政に支障をきたすということはない」（鈴木総務事務次官）、「次官会議が取りやめになったとしても、各省は閣議に諮る案件について、事前によく調整していくことを心がけなければならない」（丹呉財務事務次官）など、意思決定システムに変更や問題が生じるという認識はみられなかった。むしろ、一時間程度の次官会議では実質的な議論は困難であり、そこに諮るまでに各省間で実質的な調整が行われている必要があること、全体として積み上げ型の意思決定過程が基本にあることが再確認される結果となった。

この時期、よりラディカルな改革として、事務次官という制度自体を廃止すべきではないかとの意見が仙谷由人行政刷新担当大臣などから出された。もっとも、それ以上の議論にはなっていない。一方、田中秀征は事務次官等会議の隠れた効用として、対財務省関係で他省庁の次官が結束しうる点を指摘している。次官会議がなければ、各省は財務省に個別に撃破されるため、重大な問題がある時には次官会議が有効な対抗の機会になりうるという。だが、次官会議は予期せぬ現実からの要請により復活することになる。すなわち東日本大震災を機に、府省間に生じた膨大な連絡調整の必要から閣僚と次官による「被災者生活支援各府省連絡会議」として復活し、五月に「東日本大震災各府省連絡会議」と改称され、野田内閣では「府省連絡会議」として毎週金曜の閣議後に開催されることになった。その後一二年一二月に安倍内閣に交代して以降、同じ日時で「次官連絡会議」が内閣官房長官の主催により開かれている。政治による次官会議の廃止にも、一年半後の復活の決定に対しても、事務次官たちは淡々と応じているように見えた。

これら一連の変更が物語るのは、二度の政権交代と大震災という巨大な環境変化が霞が関のルーティンを予測不能な形で揺り動かした新たな状況である。その最たるものが、序章で言及した国家公務員給与の大幅引き下げを内容とする給与改定特例法であった。この臨時の特例措置は与野党（民・

自・公）の協議に基づき、一二年二月に三党合同の議員立法として提案され、公務員制度改革関連法案に優先して制定されたものである。しかも人事院による〇・二三％のマイナス勧告を実施しつつ、平均七・八％もの引き下げを二年間の期限付きで実施するという政治の判断は、現行給与決定システムを承認と否定という欺瞞ともいうべき矛盾を含んでいた。労働基本権制約の代償措置である人勧は事実上無視されつつ形式上は存続し、労使交渉を踏まえない大幅給与削減が断行されたのである。これについて、「国会による法改正さえ行われれば国家公務員の勤務条件の変更（たとえ不利益変更であっても）は可能という先例を作ったことになり、今後に大きな問題を残すことになった」との批判もある。(43)

しかし特例措置の二年間、さらにその後も、行政の現場では反乱や混乱が起こることなく、ほとんどの公務が手堅く遂行されていた。そこには官に対する政治の優位というヒエラルヒー関係の定着とともに、不合理で予測不能な状況にも官は静かに対応するという運命論的な文化パタンの浸透も観察できよう。これについては、終章で改めて論じたい。

内閣人事局の設置と政治主導

基本法に基づいて活動してきた国家公務員制度改革推進本部は二〇一三年七月、設置期限を迎えた。改革の具体化に向けた立案作業は引き続き行政改革推進本部国家公務員制度改革事務局で行われ、政府が提案した国公法改正案が一四年四月にようやく成立、五月に基本法制定から六年目にして内閣人事局が設置された。職員数は約一六〇人、初代局長には事務の官房副長官が就くとの予想もあったが、元大蔵官僚で衆議院議員の加藤勝信官房副長官が就いた。

幹部人事は同局で一元的に管理されることになり、幹部候補育成課程もスタートした。人事院の機能の一部は内閣人事局に移されたものの、組織の解体は免れた。部長級以上約六〇〇人の幹部選考の流れは、まず人事評価に基づいて各大臣から推薦がなされ、官房長官の下で適格性審査と幹部候補者名簿の作成が行われる。そこから大臣による選抜となり、総理・官房長官も加わる任免協議を経て任命されることとされた。

人事院幹部の執筆による『逐条国家公務員法』（全訂版、二〇一五年）は、この改革をもって「ここ十数年来、課題とされてきた公務員制度改革も、一段落したと言い得る状況に至った」と改訂理由を記している。[44] 原田もこの改革をもって公務員制度改革の「一応の終焉」ととらえ、級別定数の設定など人事院の主要な権限に実質的に変更がなされなかった点に注目している。[45] だが、基本法が問題にした労働基本権付与問題には決着がつかず、行革会議が提案した一括採用は見送られ、公募制や外部からの幹部登用の可能性なども未知数である。最近のテーマでいえば、女性活躍と働き方改革は公務員が解決すべき社会問題である以前に、自らが抱える組織内問題であろう。同一労働同一賃金というテーマも、非正規公務員をかかえる国・自治体の人事行政の重い課題といえる。

関係者の間に改革についての一服感があるとすれば、政治的にも制度技術面でも長期にわたる激しい論争・検討を経て、概ね落ち着くところに落ち着いたという思いを共有できたからであろう。その中には、メディアによる天下り批判や給与特例法による二年間の給与引き下げという経験の共有も含まれていよう。公務員制とは、そうした無数の経験の集合体としてダイナミックに変容しており、形式的制度以上にその運用の積み重ねを含めて検証する必要がある。その意味で、本節の最後に政治主導と能力主義という視点から公務員制の変容を考えてみたい。

まず、一九八〇年代の臨調行革以来、改革のイニシアティブを政治がとってきたことは疑いないところである。審議会に参加した財界人・学識者、総務省（旧行官庁）など霞が関での改革派の協力は不可欠であり、他方、各論で反対派に回る政治家も少なくなかったが、「官」のシステムと既得権に切り込んだのは与野党を含め「政」の側であった。民営化、規制緩和、地方分権、情報公開などの改革が進展する中で、公務員制が固有の粘性を示し、改革が容易に進まなかった理由は、消極的であれ、公務員の最低限の同意がなければ改革案の立案も実施もほぼ不可能だからである。しかし、そのことは「官主導」を決して意味せず、世論を背景にした政の力に官が服したことを意味し、この動きが長期にわたりくり返されたことで、政と官の新しい関係が定着してきたと考えられる。

政治は時に不合理に見える判断を下す。八二年の人勧凍結とその後の部分実施、官僚の不祥事に対応した倫理法制定と行動規制、天下り批判を受けた再就職の制限、給与特例法による時限付き給与カットなど、法的・制度技術的・人事管理理論的に問題の残る判断は少なくない。にもかかわらず、選挙で選ばれた政治家の決定が正当性をもち、資格で選ばれた公務員はそれに従うというのが民主主義の基本であり、そのことを二〇年に及ぶ公務員制度改革を通して政と官が確認し、承認したと考えられる。むろん民主主義には政治的応答性とともに技術的専門性も必要であり、両者の高い次元でのバランスを実現するために公務員制はさらなる進化を求められている。日本では自律的政府の成功体験が応答的政府への移行を困難にしたという特殊事情もあり、迂遠な道のりを進むことになった経緯とその歴史的意義を政官の関係者は理解すべきであろう。

次に、以上の議論と一見矛盾するが、官僚の幹部人事にどこまで政治が関与すべきかについては、慎重に考える必要がある。制度改革・政策決定において政治が決断し、中立的な官がそれを補佐することは当然であるが、この統制の原理が官の中に浸透している限り、政治が個別人事に介入する必要は高くない。出雲明子は「政治任用」を公務員人事の「政治化」と区別した上で、この制度が特別職公務員、政務官、執政の補佐体制という三つの法制で成り立っているため、相互補完的に考えるべきだと指摘する(46)。議員登用型の政治任用である政務官については、首相、次いで閣僚による厳しい人物の吟味と適材適所の判断こそ大前提である。実際、当選回数を大臣資格と勘違いする伝統が政官関係を混乱させてきた根源であり、公務員制の進化はこの政治環境の改善なくしてありえない。

大臣などの政務官を除く特別職の代表格に内閣法制局長官があるが、二〇一三年に第二次安倍内閣が任命した小松一郎長官は法制局での勤務経験を欠く外交官であり、集団的自衛権問題との関係で「政治化」した問題人事であった。これ以外にも首相・大臣補佐官、秘書官、内閣官房参与を含め、政治と行政の結節点に位置する幹部人事については、外部人材の登用を含めて考える必要があり、制度運用のルールづくりは今後の課題である。

第三に、ほとんどの改革案が強調してきた項目に、職員の能力向上、能力評価、能力実績主義という基本テーマがある。「行政とは人」であり、人とは能力であり、能力は知識・意欲・責任感・協調性・説明力・判断力・粘り強さ・柔軟性などの項目に分けられるにしても、総合的な力量にほかならない。公務の現場で同僚や市民に常に求められるのは総合力のある職員であり、実は素朴な評価は日常的になされている。

にもかかわらず、入口選別制とキャリア制度が今なお持続し、女性の幹部登用が四％前後にとどまっている事実は、日本の公務員制に前近代的な身分制が残存していることを物語る。また長時間労働と国会答弁対応などの政治的業務は、公務の内容と範囲を客観的に特定できないという意味では、非科学的というべきである。戦後改革で期待された科学的人事行政とは、職階制の挫折とは別に、職員の能力を客観的に測定し、不断にその向上を図り、適材適所により組織の能率とパフォーマンスを高めることである。

新聞記事の量の調査では、「公務員」と「能力主義」の双方を含む記事の件数は各紙ともごく少なく、世論になりにくいテーマであることがわかる。それでも二〇〇〇年から二〇一〇年にかけて、その前後の年代より多くなっている(47)。一方、先に紹介した〇七年の政府広報室による「公務員制度に関する特別世論調査」によれば、「人事において基準とすべきこと」として、「勤務実績に対する評価」が四〇・三％と最も多く、「公務員自身の能力」が三八・三％で続き、「採用試験や昇任試験の成績」七・四％、「職場内外の人間関係」四・七％、「公務員として働いてきた在職期間」一・九％となっていた。(48) 要するに、国民が公務員に期待するものは年功でも採用試験の種類でも人間関係でもなく、アウトプットとしての実績とそれを支える能力に尽きることが明らかである。批判としての世論は台風のような先鋭さがあるが、期待としての世論は帯状高気圧のように茫漠として存在する。応答的政府は、厳しい批判に応答するだけではなく、この漠然とした市民の期待にも計画的に応えていく必要があろう。

政官の新しい関係が公務員制の政治的次元での変化だとすれば、能力主義への転換は公務員制の技術的次元での進化となろう。そして両者のバランスをいかにとるかが、公務員制にとっての古くて新しい課題というべきである。

終章

霞が関文化とそのゆくえ

公務員制をめぐる問い

ここまで、公務員制のコンセプトの検討に始まり、公務員の範囲・分類と日本の公務員制の性格を整理し、その変遷を近現代日本史の中で図式的に示した上で、公務員制が自律型から応答型に向かう道程を改革の動きと合わせてたどってきた。最後に、本書冒頭の問いに立ち返り、日本の公務員制の性格・課題・展望に関する議論をまとめることにしたい。制度設計における技術的な議論を軽視するわけではないが、よりマクロな視点からⅣ章で説明した「霞が関文化」の把握と展望を行うことにする。その際、小出しに言及してきた文化理論の枠組を用いて制度変化への解釈を試みたい。

行政制度の理解には、歴史を含めてその深層に分け入り、外部環境の変化に目配りしつつ、そのメカニズムの一つ一つを検討していく必要がある。だが、先に触れた『逐条国家公務員法』(全訂版)が一三〇〇頁に及ぶように、制度の経験が積み重なってくると、その作業は際限なく広がる。他方、

I章3節で紹介した日本の公務員制の特徴に関する伝統的な議論には、今なお真実を突いたものが少なくない。とはいえ、過去二〇年間の改革の経緯とその困難を説明し、近年の変化を評価するためには、新たな視点や理論枠組も求められる。筆者は「両義性」「曖昧さ」という言葉を使ってきたが、この一見不確かな対象に対してこそ、より分析的な光を当てる必要があろう。

戦後、科学的人事行政の基礎となることが期待された職階法が実施されず、しかし半世紀以上も廃止されなかったことは一体何を意味するのか。キャリア制度という身分制的慣行の残存により、現代公務員制の基本である能力主義が徹底できない理由は何か。科学技術で世界の先端を行く日本で、なぜ人事行政刷新への取り組みが進まないのか。法律が禁じ、批判が絶えず、政治家が根絶の方針を明言しても天下りはなぜ持続するのか。これらの問いに対し、単に「制度と運用の乖離」という以上の説明はできないものか。公務員制をめぐる疑問を一面的な批判や否定としてではなく、また経路依存性といった抽象的説明でもなく、日本の公務員制の性格に基づく「必然」として理解できないかというのが、本書の出発点にある問題関心であった。

まず歴史に目を向けると、変化の中の連続性を理解することが基本となる。敗戦を機に、日本政府と日本人が平和主義と民主主義を受け入れたことは疑いない。J・ダワーが占領期の日本について描いたように、人々は敗北を拒絶するのではなく抱きしめ、虚脱の中で解放を感じ、デモクラシーを強制されつつも歓迎した。(1) その後「大衆天皇制」と呼ばれる状況が生まれ、官僚たちは「天皇の官吏」から「全体の奉仕者」への移行を大きな違和感なく受容した。確かに叙勲制度は残り、対象者の多くは今なお元公務員だが、価値としての「天皇への近さ」は明らかに相対化されてきた。村松岐夫が指摘した戦前と戦後の「断絶」は否定しようもない制度改革の現実といえる。反面、辻清明が指摘したように、統治構造における割拠性、官僚の特権性、自治を阻む官治集権体制に、戦前との連続性を見出すことも困難ではない(2)。

これらの矛盾を理解するために、戦争遂行と戦後復興という行政課題に多くの共通点があり、GHQの間接統治も手伝って戦前の制度を基礎にした公務員制が意外に有効に機能した事実は確認しておいてよい。西欧では絶対制下の特権的な官吏制度が民主化の過程で猟官制や情実任用を経験し、それを克服しながら現代公務員制にたどりついたのに対し、日本では民主化の過程を経ずして戦後改革を迎えたという特殊事情があった。このため、戦前期官吏の特権性が戦後公務員制の身分保障に、かつての後見的な官吏のエートスが公共に仕える「全体の奉仕者」に、内閣の超然性が公務員制の自律性に、比較的スムーズに移行した偶然も看過できない。いわば歴史のらせん階段を時間をかけて一周することなく、改革の勢いで垂直移動したと見ることができる(3)。こうして戦後の公務員制はその古い体質の一部を維持することで新しい課題に対応し、自己の刷新という課題を先送りしてもしばらくはとくに問題を生じなかった。このことは「課題」としてとり上げる政官関係と能力主義に深く関係している。

次に、政府内の意思決定過程に目を向けると、戦後民主主義がトップの強いリーダーシップによってではなく、コンセンサス重視の政治行政システムを軸に成長してきた点が注目される。このことは

「相互性の支配」とも関係するが、一九六〇年代までは国家目標が比較的明確だったため、国土の再建とインフラ整備に各省が邁進しても矛盾や重複は生じず、調整コストも小さかった。五五年体制の中心にいた自民党は、山口二郎が指摘するように「政策的多様性の党」であり、九〇年代の選挙制度改革と小泉政権以前には政策間に明確な優先順位をつけることは少なかった。またイギリスと対比した場合、日本では政官の「分離の規範」が弱く、官僚制は与党の意向と圧力を吸収しつつ政策形成を担い、与党内の調整や国会答弁にも深く関与してきた(4)。与党内だけでなく、官僚機構や利益団体との間でもコンセンサスが重視され、そのことは意思決定を全会一致で行う自民党の慣行や事務次官等会議の存在にも現れている。

辻が注目した稟議制についていえば、意思決定の実態は決して単純ではないものの、積み上げ方式によりアクター間の合意を得る政策過程の特徴と官僚の行動様式を的確に描いていた。それは組織内の民主的手続を重視する一方、能率は低下し、政治指導は弱く、責任は分散する。この慣行は国会や内閣による行政統制を弱め、政官の境界を曖昧にし、相互依存的な政官業の関係を形づくってきた。日本官僚制に関する村松と辻の見方の違いは、公務員制が戦後民主主義に仕える一方、戦前から続く「官のシステム」の一部でもあるという複雑な現実を反映しており、評価の定まらない曖昧さの原因となっている。

第三に、レトリカルな次元では、憲法に明記された「全体の奉仕者」という公務員の性格づけが多義的な意味を含んでいた。国公法制定以降も、この言葉は公務員倫理法や国家公務員制度改革基本法の冒頭でくり返されてきたキーワードであり、使用者である国民あるいは内閣にとっては統制のための、他方、当事者である公務員にとっては自己確認のためのシンボルであり続けてきた。また、不祥事をめぐって国民による官僚批判の根拠になる一方、人事への政治的介入に対しては官僚の抵抗の論拠となり、使われる文脈で多様な働きをするマジックワードといえる。さらにこの言葉は、戦後の自律的政府を担ってきた幹部職員の「国家官僚」意識を支えると同時に、それを批判する契機ともなる両義性をもっていた。

公務員制度改革をめぐって膨大な議論が重ねられながら、これに代わる、あるいはこれを超える有効な概念を提示できなかったことが、「全体の奉仕者」神話からより現実的で新しい公務員イメージへの転換が進まなかった一因とも考えられる。筆者は、応答的政府段階における公務員のタイプを「対話型職員」ととらえ、以下その類型論的位置づけについて説明することにしたい。

文化理論の視座

公務員制の性格をより一般的な類型論の中で把握するために、序章で触れた「文化理論」のエッセンスを要約しておきたい。この理論は、イギリスの文化人類学者M・ダグラスが提唱した「グリッド」(grid)と「グループ」(group)の二要素に基礎をおく抽象度の高い理論である。これをA・ウィルダフスキーが環境政策などの分野に応用し、さらにC・フッドが公共管理の領域全体に本格的に応用した。(5)

図終-1　文化理論による公共管理の類型

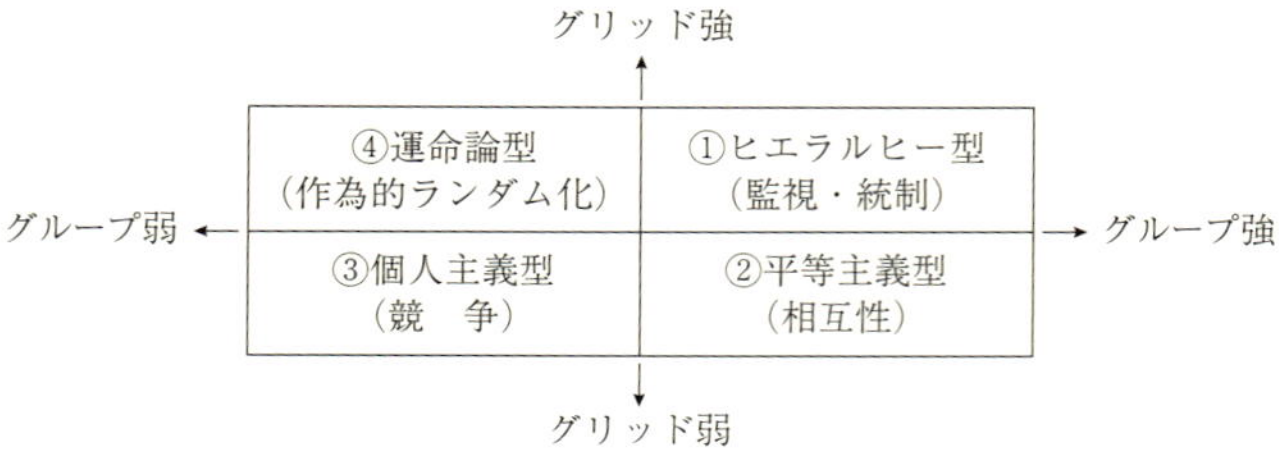

ダグラスによると「人間関係の構造化に影響を与える要素」は、「グリッド」（性別・出自・職業・地位などの格子状の区別とそれに基づく社会規範）の強弱と、「グループ」（家族や会社に代表される集団とその圧力）の強弱に大別される。両者の基本的な違いは、グリッドが時々の状況や人間関係とは無関係に適用される規範・ルールであるのに対し、グループには時間の次元があり、時の経過と共に形成される集団の中で相互交渉により行動が影響を受ける点にある。またグループには明確な自他の境界線が存在するが、グリッドにはそれが認められない[6]。ウィルダフスキーは、グリッドは「自分は何をすべきか」という行為の指針、社会的役割にかかわり、グループは「自分は何者か」という帰属的アイデンティティにかかわると説明する[7]。この二要素・二軸の組合せから、［図終-1］のような四つの文化の型、生活様式（way of life）のタイプが導き出される。括弧内は、四類型に対応する公共管理の方法についてフッドが用いた呼び名による。

この類型のエッセンスは、個人ないし集団が変化する環境にいかに適応するかという思考と行動パタンの整理であり、リスクへの対応もそこから生ずる。文化とは、意識するとしないとにかかわらず、当事者にとっての生活上の「価値」や生きている実感とも深くかかわる。組織のメンバーが何に不安を感じ、何をよりどころとし、何に安心感や喜びを見出すかの違いによって、組織の活動パタンも大きく影響を受ける。

各タイプを要約すれば、①「ヒエラルヒー型」は、グリッドによる規制もグループの圧力も強いタイプで、軍隊や警察組織がその典型であり、上からの「監視」が統制の手段となる。②「平等主義型」（共同体型）は、グリッドによる規制は弱いが集団圧力が強いタイプで、内部の役割が未分化の環境保護団体、日本の官庁・企業組織などがその例であり、そこでは「相互性」（mutuality）が有力な統制手段として働く。③「個人主義型」は、グリッド・グループとも弱い規制から自由なタイプで、アメリカの企業組織がその代表であり、「競争」が重要な秩序形成・維持の手段となる。最後の④「運命論型」は、グリッドは強いが集団圧力が弱いタイプで、インドのカースト（身分固定）社会にその例を求めることができ、そこでの統制原理を政策的に表現すれば「作為的ランダム化」、つまり一種のくじ引き的な諦観（アタリ・ハズレは運だから仕方がないという心理）を人為的につくり出すことである。

この四類型は原型（prototype）であり、現実の社会・集団はそれらの混合型（hybrid）といえる。もっとも混合型とは二タイプの組合せに限らず、三タイプ、さらに四タイプの融合型もあり、フッドによれば理論上一一三タイプが想定される(8)。要言すれば、公共管理・行政統制のパタンは、つきつめれば四つの原型のいずれかに基礎をもつ一方、どんな社会や組織にも状況や部門の違いによってさまざまな変形が混在しているということである。たとえていえば、味の要素には甘味・酸味・塩味・苦味があるが、実際の料理は多様な要素の混合形であり、それが複雑な風味や食文化の個性になっていると考えればよい。

では、この理論枠組を公務員制の比較研究に使うことの意義はどこに見出せるだろうか。まず、世界には多様な人事管理の方法があるが、それらを四つのタイプに還元して把握することで理解が広がり、自国の制度を相対化し、まったく別のやり方に気づく点が挙げられる。職員のコントロール（舵取り）というと、常識的には①のパタンによるトップからの統制を連想しがちだが、人事の現場では、②のパタンによる同僚間の相互抑制・監視、③のパタンによる競争の利用、④のパタンによるランダムな人事異動で諦めを誘うやり方も存在する。組合せとしてみると、石田雄が日本の組織に「同調と競争」の同居を見たように[9]、同期のキャリア組の結束と出世競争の組合せは①と③の混合型として理解しうる。それは「忠誠の競争」という形で職員のエネルギー調達に役立つ半面、長時間労働を生む原因とも考えられる。あるいは「組織の大蔵、人の通産」と言われてきた組織文化の違いは、②のパタンをベースに、①の要素がより強いか、それとも③の要素がより強いか、という違いとしてみることができる。

第二に、「文化」の言葉がもつ決定論的イメージとは裏腹に、混合型に注目する文化理論は、支配的なパタンにもダイナミックな変化を認める点に特徴がある[10]。一国の行政制度は無数の法令や慣行からなる有機的システムであり、何が変われば「改革」と呼びうるのか、客観的な判断基準はない。だが、この類型論の違いと混合化に注目することにより、環境変化の中で従来のパタンから別のパタンにシフトする、あるいは異なるパタンとの結合で新種が生まれる、という形での判断が可能になる。一般にいう「組織文化の変革」や「職員の意識改革」についても、パタン化してより分析的な説明を加えることができよう。

第三に、八〇年代以降のグローバルな改革の流れである「新しい公共管理」（ＮＰＭ）のゆくえを占う際に、文化理論の視座は助けになる。フッドの問題関心には、行政改革の国際比較に際して、ＮＰＭがどの国のどの政策分野でどの程度浸透しているのかという問いがあった。これは理論的テーマであると同時に、改革当事者にとっての実践的な問いも含んでいる。③に相当する競争とビジネス文化の導入、そのリスクを補完するための①に相当する第三者機関の設置は、英米に特有の方法なのか、世界的な潮流なのか、あるいは海外の影響を受けつつ各国で独自のパタンが生まれているのか、研究者・実務家の双方にとって興味引かれるテーマである。

現代の公務員制や行革のバリエーションを英国型、欧州大陸型、日本型といった地域の固有名ではなく、より一般的概念で把握するために文化理論の視点は有効である。他方、文化理論は各パタンの間で優劣の評価はせず、善悪の区別もつけないため、あくまで異同と変化の理解に用いるべきであろう。だが、制度設計に際しては、実際のパフォーマンスに基づいてシステムの「能力」を検証することが肝要となる。文化理論は制度設計の発想段階で、既成観念を打破する脱学習（unlearning）の契機として有効といえる。(11)

文化理論から見た公務員制の性格

理論枠組の説明が長くなったが、ここから文化理論の視座に立って日本の公務員制の再解釈をしていきたい。まず、戦前戦後を通じて、霞が関文化の基調に②の「相互性の支配」があったことが指摘できる。藩閥の均衡人事に始まり、各省一家主義に基づく分権型人事管理、事務官・技官の区別、試験区分（専門）によるグループ別人事の定着、稟議制に見られるコンセンサス重視の意思決定など、どれも相互性の強さを物語る。他方、戦前の高文組やキャリア官僚の特権性は、明らかに「ヒエラルヒー」の強さを示している。だが、その区分がグループごとの共同体的価値の維持という目的に沿っていることにも注目すべきであろう。これについては、戦前の官吏・非官吏が戦後「公務員」として統合され、平等原則の社会的浸透とともに上下関係が弱まり、食堂やトイレの区別は廃止され、給与・待遇面での格差も縮小した。「均霑」は明治から続く思想だが、戦後は経済成長により実質的な均霑化の余地が広がり、一九七〇年代には一億総中流といわれる状況も生まれた。その際、各省横並びの資源配分のあり方が平等主義を支え、成長がゼロからさらにマイナスに転じても、一律削減方式が変化への現実的な対応策となった。

相互性が霞が関の「文化」として定着するということは、組織メンバーの生活の主要な一部となり、道具としての使い捨てを拒む価値を帯びることを意味する。とはいえ、そのことが直ちに日本の公務員制の特徴につながるわけではない。ホワイトホール村と称されるイギリスの公務員文化に目を向けると、議院内閣制を基礎とし、同僚による評価が重視され、ジェネラリストがスペシャリストより優位に立ち、政治による人事への介入は限定的であるという点で、日本と似たパタンを有している。イギリスでも幹部間の相互性は指摘され、この伝統が変質するのは民営化に舵を切るサッチャー政権以降だとされている。政府の構造は異なるが、官僚制の支配の伝統をもつドイツやフランスでも、相互性は共通の教育背景をもつ幹部候補グループの有力な統制手段として理解されている。相互性が日本固有のパタンであり、特有の文化価値というわけでは決してない。

そこで次に、①のヒエラルヒー型の統制に目を向け、日本の公務員制のどこが欧米と異なるのかをみておきたい。まず、内閣および首相が他国と比べて短命（戦後の平均で約二年）であり、このことが内閣による官僚制統制を弱めてきたことは疑いない。官僚の任命権者たる大臣については、内閣改造のためさらに在任期間が短く、その政策分野に精通していない議員が任命されることも日常といえる。当選回数を重ねた与党政治家の間に平等主義が働き、組閣に際して当人の能力や経験には二義的な考慮しか払われないことも多い。政の官に対するヒエラルヒー的統制は働かず、むしろ政策立案や国会答弁において官への依存が深まった。また衆議院調査局の各室長ポストが関係官庁からの出向者で占められている慣行は、国会による行政統制を阻む要因となっている。

官僚制とはM・ウェーバーが描いたごとく、基本的に階統制構造をもっており、日本の行政組織も大学やNPOなどと比べればヒエラルヒー的性格は明白である。しかし、国際比較の中で日本の公務員制を観察するならば、内閣や大臣による官僚統制の弱さ、国会や会計検査院による行政統制の限界など、ヒエラルヒーの弱さは否めない。ヒエラルヒーを平等主義から区別するものは「グリッド」の強さ、すなわち個人のエートスでいえば各自の役割意識・規範意識の強さ、上位者の権威に従う意志、自ら分をわきまえる自覚の明確さである。Ⅳ章で見たように、一九九〇年代以降の官僚の不祥事と信頼低下は政治主導への期待を高め、国会による行政統制強化の試みを促し、状況は明らかに変化している。

第三に、③の競争による統制に注目すると、学歴社会という背景、高倍率で難関とされる採用試験(特に上級・I種・総合職)、次官レースの苛烈さなどから、公務員制の底流に競争原理が働いていることは明らかである。森田朗の表現を借りれば、「より高いポストを求める仲間同士の激しい競争が存在し」、それは「昇進するほど熾烈に」なり、「この席取りゲーム型出世競争のルール」は「彼らの高いモラールを生み出す一因」でもあるという。[12] だが、ひとたびその内実に分け入るならば、総合評価の名の下に能力評価は曖昧になり、差異は顕在化されず、組織への同調が競争を中和化している実態に気づく。評価の単位である人事グループ内では慎重な選抜が時間をかけて行われ、キャリア官僚の多くは経歴やプライドも手伝って「自分は局長にはなるだろう」などと幻想を抱きがちとなる。「入口選抜」されたキャリア組は、ほぼ横並びの定期昇進・定期異動を経て、四十代後半にポスト減に直面して評価の現実を思い知る。特別昇給制度はあっても、その運用は能力・実績によってではなく、持ち回り式に均等配分されてきた。このシステムが、組織メンバーの一体感の維持と最大動員を意図する戦略的なものか、自然発生的なものなのかの判断は簡単でないが、少なくとも霞が関文化に深く根ざし、職員に受け入れられていることは疑いない。

③の「個人主義型」はグループ・グリッド共に弱いタイプであり、相互性が根を張る日本の組織では、集団圧力から自由になる機会を通して徐々に浸透していくであろう。確かに職員の長期休暇や地域活動は少なく、あっても効果は長時間勤務にかき消されがちである。だが、官僚の留学や海外勤務が一般化したことで、欧米型の個人主義文化を身につける契機は確実に増えてきた。また、Ⅱ種・Ⅲ種採用組の幹部への登用が進んで在籍者数で常時二〇〇人を超えるようになり、民間人材の活用も累計で二〇〇〇人に近づいている。それらを支える職員の能力評価制度についていえば、業務の高度化と増大でその活用が不可避となってきた。こうして閉鎖的グループを超えた新しい競争の文化が霞が関文化の一角を侵食し、変質させていくように思われる。

第四に、統制の手法として最も意識されることの少ない④「運命論型」のパタンをみておきたい。予測不能性（ランダムネス）により職員の運命論的諦観を促す手法の代表は、異動における人事部門の裁量であろう。人事異動は定期的に一斉に行われるため、役所の都合が優先され、異動対象となる職員の希望は二の次となる。日本の公務員の異動に対する姿勢は、空席ポストへの応募（希望の提出）を前提とする欧米からみると驚くべき受動性を示す。Ⅲ章で紹介した回顧談からもわかるように、職員自らが異動先の希望を出すことは少なく、出しても考慮しない非応答性が統制力につながる。「唐天竺でも行けと言われれば行く」（矢野俊比古）という決然たる覚悟は、忠義・克己・名誉を重んずる「武士道」の精神に通じ[13]、表向きの受動性とは逆に公共に対する積極的な献身意欲の高さを物語る。戦争世代の感覚がそのまま若い世代に受け継がれているとはいえないが、軍隊にみられる規律と自己犠牲のエートスを戦後の公務員の中に見出すことは困難ではない。

人事異動が例年の出来事だとすれば、非日常の震災による業務の急増、給与の大幅削減、あるいはメディアによる公務員バッシングなどは、当局の意図とは別次元の予測不能なランダムネスである。被災自治体の職員や自衛隊員を含め、日本の公務員の静かな受容力と献身の姿は、運命論の統制パタンが有効であったことを期せずして示している。そして新たなリスクとして、内閣人事局の設置と安倍一強政治の動きにより、幹部人事への官邸の介入が現実のものとなったことが指摘できる。これについては、このあととり上げたい。

公務員制の課題再考

以上の考察から導き出されるのは、霞が関文化の根強さと同時に、近年の出来事による予期せぬ変化の可能性である。日本の公務員制において、相互性がいかに支配的な価値になっているとしても、すでに四つの文化パタンすべてが同居しており、政策領域や状況により多様な組合せによる混合型が存在し、変化している。政治主導の流れはヒエラルヒーを、開放化の動きと能力主義は個人主義を、災害対応や世論の沸騰は運命論のパタンを、それぞれ加味し浸透させつつある。コンセンサス重視の政治秩序が制度改革への障害になっていたが、過去三〇年間の改革により制度の地盤は一部ですでに液状化しており、システム変容はむしろこれから本格化すると思われる。

個別の課題を見ていくならば、まず世論の批判が集中しがちな天下り問題は簡単には解決できず、今後もくり返し浮上すると思われる。Ⅳ章でも触れたが、二〇一七年一月に文部科学省から大学への多数の天下りが発覚、直後に前川喜平事務次官が引責辞任した。内閣府の再就職等監視委員会による調査の結果、官房人事課の現役職員があっせんを行ったとして、OBを含む同省幹部三七人が停職・減給などの処分を受けている。この処分で落着したかにみえるが、内閣人事局が毎年公表している国家公務員の再就職状況では、二〇一五年度に再就職した管理職職員一六六八件のうち約三割の五一三件が営利法人、四八八件が非営利法人となっている。文科省の場合、人事課OBだけでなく現職職員があっせんに関与していたことが国公法に違反したとされたが、退職者の関与は他府省でも十分ありうる。現役・出向者・OBを含めて人事を組織的に行ってきた体制が消滅したとはおよそ考えられず、問題の解消にはなお時間を要するであろう。

この問題の根を掘り返すと、退職時に限らず、職員が入省官庁に自らの生涯のキャリアを委ね、組織への忠誠の対価として「終身雇用保障」を受けとるシステムにつき当たる。だが、経済の低迷と世論の硬化により、この体制はすでに持続可能性を失っている。関係企業・団体を含めた相互性と特権性に基づく天下りの構造から、個人主義と権利意識に基礎を置く人事システムに計画的に移行する必要があろう。具体的には、すでに提案されている六十五歳までの定年延長を実施し、勧奨退職を減らし、希望すれば定年まで勤務できる制度設計が急務である。そのためには、幹部就任年齢の延期、年次の考え方の弾力化、専門スタッフ職の増加、複数のキャリア・パスの提示、年金制度の改善などを含め、関係する制度を一件一件詰めていく以外にない。自立を「依存先の多元化」ととらえるならば、職員個人のレベルでもワークライフバランスを回復させ、役所以外にコミットできる組織や活動をもつことも、長期的にみたキャリアの選択肢を増やすことにつながろう。

第二に、これも個人主義と関係するが、能力主義の徹底も大きな課題である。職階制は長らく放置された後に廃止となったが、それと前後して人事院は能力・業績に基づく詳細な人事評価手法を準備、二〇〇六年から段階的に試行され、〇九年に各省で本格的にスタートした。その流れは、期首で達成目標について上司が面談し、期中では指導・助言を行い、期末に本人の自己申告を受けて評価結果を開示して面談するというものである。天下り問題と比べると一般の注目度は低いが、九七年の行革会議「最終報告」以降、能力主義はほとんどの改革案で強調されてきた。それらを要約すれば、従来の年功主義を改め、能力主義により職員の意欲を高め、公平性・透明性を確保し、縦割りと省益重視の病理を克服すべきことが謳われている。

しかし、「能力主義」が意味するところを正確に理解するためには、次のような整理をしておく必要がある。まず、情実任用や政治的人事を避けるという意味で、メリット原則を再確認すべきである。というのも、二度の政権交代を経て幹部人事への政策本位ではない政治的介入への懸念が存在するからである。また、キャリア制度・年功制のもつ特権性と悪平等からの脱却という意味で、人事の透明化・客観化によるフェアで科学的な人的資源管理へシフトする必要がある。さらに、日本が抱える困難な課題への対処という文脈では、専門性・国際性・課題解決能力を備えた人材確保への問題提起としてとらえることができる。Ⅳ章で紹介した内閣府の世論調査で、人事で重視すべき項目として実績評価と能力が最多だったように、国民の公務員に対する期待の核心は、単に不祥事を起こさないといった消極的な事柄ではなく、積極果敢に問題解決にとり組む意欲と力量であろう。

実際、経済・産業・外交・社会のあらゆる分野で、今ほど創造的な政策能力が問われている時代はない。ところが霞が関では、一〜三年での頻繁な人事異動、ストレスの大きい国会対応、異常な長時間勤務、限られた休暇など、職員の専門性強化に逆行するような職場慣行が横行し、科学的管理法のテーラーならば直ちに改善を提案するであろう。職員個人に目を向ければ、自ら知的興味を育み、人間の幅を広げ、潜在能力を高める機会が少なく、研修プログラムも自発的に能力開発を行うような設計になっていない。日本が教育に投資しない国となったことと、研修を重視しない政府の傾向は相似形である。何より若い職員が自ら手を挙げて次のポストを希望し、新しい課題にチャレンジすることが未だ一般化していない。確かに、欧米で採られている公募から応募・書類審査・面接・選考にいたる手続は煩雑である。人事部門にも応募者にも多くの労力を強い、かつ時間もかかる。だが、日本でも国・自治体とも任期付専門職のポストに民間人が就き、活躍するケースも増えた[14]。個人主義の文化は制度の周辺や例外的な事象から浸透していく可能性もあろう。

第三に、より重大な課題として、内閣人事局設置に伴う幹部人事への政治の関与に論及しておきたい。二〇年に及ぶ公務員制度改革と、その帰結としての内閣人事局設置の経緯はⅣ章で述べた。ネジレ国会と短命内閣に基因する「決められない政治」から、改革を前進させる政治主導のシステムに転換すべきだとの考えから、議院内閣制の下での公務員のあり方が〇八年の「基本法」に明示され、内閣が約六〇〇人の幹部職員人事に責任をもつ体制が整ったのである。幹部人事への内閣の関与は、制度改革や政策転換に際して、官僚からの不当な抵抗を抑えるために必要と考えられてきた。その限りでは、明治以来の課題であった内閣による主導性の発揮、政治による官僚制の民主的統制への制度的基礎がようやく整備されたともいえる。

だが、安倍内閣の政治手法はいくつもの深刻な問題をはらんでいる。二〇一三年八月の小松一郎内閣法制局長官任命は、法制局勤務の経験および集団的自衛権の解釈との関連で政治的中立性を侵害する問題人事といわざるをえない[15]。「人事権を使った政治家の横やりに、官僚が抵抗できないでいるという状況」（片山善博元総務相）が語られ、その検証は困難だが、「骨太の方針」の高すぎる成長率見通しなどは、内閣への専門性に基づく補佐という観点から看過できない[16]。官邸や首相自らが人事に介入しうるという噂が霞が関に流れること自体、官僚の言動に影響する。政治家の判断に必要な情報提供や助言がなされない可能性さえ出てくる。

さらに、政務三役人事で当人の能力・経験よりも首相との個人的関係が優先される傾向は、間接的に幹部職員にも不要かつ不当な接近・自粛・忖度の類を促し得る。森友学園問題で明らかになった首相官邸連絡調整官（総理夫人秘書）の存在、財務省理財局長による記録文書破棄問題、加計学園問題で露呈した恣意的な国家戦略特区制度の利用と、関係文書をめぐる元事務次官への個人攻撃[17]などは、公正な人事行政が侵害されていることさえ印象づける。

官主導の危険に対しては今後も監視を続ける必要がある一方、政治主導で官僚制を統制する場合には、少なくとも首相や官房長官個人ではなく、内閣が主体となるべきである[18]。行政権は首相ではなく内閣に属し、個人の判断ミスを回避するためには少人数であっても協議を行い、その記録を残す必要がある。フッドは、アメリカの政治システムを例に、大統領制というヒエラルヒーが厳格な三権分立制という相互性によって抑制される補完関係を論じている[19]。実際、ヒエラルヒーには固有の病理と弱点があり、戦後の日本はその危険をほとんど経験していない。内閣主導というヒエラルヒーを支え補完する条件を、他の文化パタンを念頭にルール化していくことが急務であろう。

内閣人事局の設置自体は、熟慮の末の制度設計であり、政治のリーダーシップによって官僚制の自律化を抑え、健全な政官関係を再構築していく出発点であった。だが、弱い自我にも強すぎる自我にも、それぞれ異なるリスクが存在し、現在は自我が暴走するリスクさえ想定すべき状況が生じている。集団的コンセンサスの伝統を全否定することなく、必要に応じて内閣のリーダーシップが発揮できる制度条件の模索が始まったというべきであろう。

改革のゆくえ

最後に、公務員制度改革のゆくえについて述べておきたい。改革の課題は以上の三点のほかにも、労働基本権問題、総人件費、非正規職員の扱いなど多数残っている。これら全体についての検討は筆者の能力を超えているので、一部の課題に対してのみ考えられうる提案を行った。以下、この章の冒頭の問いに答えつつ、明日の公務員制についての展望を記すことにする。

まず、実施の見込みのなくなった職階制に対し、廃止の決断もできずにきたのは、制度の深層において「科学的人事行政」という戦後公務員制の理想に対する負い目があったからだと思われる。「能力主義」というメリット制の根幹にかかわる視点から見ると、キャリア制度の欺瞞、女性登用の失敗、人事評価の弱さ、育成プログラムの遅れは明らかである。職階法の廃止は山積する未解決の政策課題と相まって、逆説的にこの問題を制度運用者に認識させ、ようやく「能力・実績に基づく人事管理」が動き始めたとみるべきであろう。公募制の導入と人事の開放化には時間がかかるとしても、職務の内容を詳細に記述し、そのポストに求められる資質・能力を明らかにし、候補者本人に希望と意欲と経験を文章に書かせることが、単なる勘や印象ではない、より「科学的」人事システムに移行する一歩となろう。

次に、内閣・各政党・メディアによる天下り批判にもかかわらず、OBを含めた各官庁組織による再就職のあっせんは減少しつつも続いており、おそらく内閣も半ば黙認している。天下り問題はそれほど深く戦後公務員制の運用現場に根ざし、上記のキャリア制度の問題をはじめ、過酷な長時間労働、過度の人員削減、国会答弁での官僚依存など、政治行政の矛盾を一身に背負わされ、いわば十字架に架けられたような光景である。むろん天下り自体がもつ特権性と不公正は是正しなければならない。だが、いかに政治家が決然として「天下り根絶」を唱えても、しばらくは曖昧な形で組織的な再就職のあっせんは温存される可能性が高い。にもかかわらず、過去二〇年間の改革運動で再就職実態の透明度は高まり、全体像が輪郭を現してきた。脱藩官僚だけでなく、より多くの官僚ＯＢがその実態を語り、その生理と病理、機能と逆機能を明示し、市民との対話を始めることによってのみ、この矛盾に満ちた制度が解決に向かうであろう。

第三に、今後の政官関係についても付言しておきたい。日本では政官の濃密な日常関係にもかかわらず、かつての官主導の下では政治家の軽視ゆえに内閣や国会への十分な情報提供が行われず、反面で人事の自律性も保たれていた。二〇〇九年に「官主導から政治主導」を掲げる民主党政権が誕生すると、今度は政務三役の方が官僚を遠ざけ、官からの必要な情報が得られず、人事への目立った介入もなかった。しかし再度の政権交代で成立した安倍内閣の下、内閣人事局が設置されると、内閣支持率の高さも手伝って官邸による官僚制統制が顕著となり、幹部人事掌握の意志が急速に浸透してきた。官僚は官邸に対する軽視どころか、不安と恐怖心からか国民に情報を開示せず、むしろ隠蔽・歪曲する状況さえ生まれているように思われる。

ＧＨＱが去ったあと、安倍政権は戦後の公務員制がはじめて直面する純度の高いヒエラルヒーともいいうる。一時は磐石に見えた相互性の支配が揺らぎ、その亀裂から個人主義と競争原理が流入し、さらにトップダウンによる未経験のヒエラルヒーが出現したことで、霞が関文化の基底には静かに運命論的な思考が広がっているようでもある。これら多元的な文化パタンの混在は、職員の主観ではいかに困難とディレンマに満ちているとしても、マクロの視点からみれば、現代の複雑な社会で多様な舵取りのアートを学ぶフィールドである。現在の状況は、公務員制が応答型に成長するための一つの試練とみるべきである。

本書でくり返し触れてきた公務員制のもつ両義性・曖昧さは、現実に対処しつつも理想を捨てず、法の精神は尊重しつつ運用を優先し、行きつ戻りつしながら「官僚制から公務員制へ」と改革を進めてきた道程の、一つの表象、一つの必然と見ることもできる。制度の曖昧さが許容されてきた背景には、経済成長と潤沢な行政資源があり、行政の不透明さゆえの市民の無関心があり、政治家の官僚依存があった。今や資源は枯渇し、行政活動の透明化は進み、政治がさらに改革の主導権を握るとすれば、曖昧さへの許容度は確実に狭まっていくだろう。

その時、個々の公務員は自己のアイデンティティの基礎を何に求めるであろうか。あくまで「○○省事務官」か、逆に「一人の勤労者」か、開き直って「普通の市民」か。あるいは大臣の部下でも首相の僕でもないという意味での、誇り高き「全体の奉仕者」だろうか。それに対し、政治家と市民は何と応答するのか。そこから生まれる言葉と対話、その積み重ねが明日の公務員制を形づくるように思われる。

［注］

序章

（1）二〇一二年八月に提出された人事院勧告の「報告」によれば、行政職俸給表（一）適用者で二八八八三円、職員全体で二八九四五円の減額となった。

（2）第二次安倍内閣が進めてきたアベノミクス（経済財政運営）、消費増税再延期、安保関連法制、森友学園への国有地払い下げ、加計学園の獣医学部新設問題などをめぐる幹部人事と行政情報の扱いには、以前見られなかった政治的介入が生じている。「官邸集権 省庁は手足」と題する記事は内閣官房による政策の独占を指摘し（『日本経済新聞』二〇一七年四月一八日）、「安倍官邸 強さの秘訣 人事権で官僚繰る」では、「内閣人事局ができて意見を言う雰囲気がますます薄れた」との経済官僚の嘆きを伝え（同紙二〇一六年八月七日）、「国会答弁、そんたくの嵐 現役官僚、官邸に人事握られ」は、担当の大臣以上に官邸の意向を気にする官僚たちの声を報じている（『毎日新聞』二〇一七年五月二六日）。

（3）文化人類学者のM・ダグラスは、社会・文化の基本型（prototype）として、社会規範（grid）の強弱と集団圧力（group）の強弱の二軸の交差からなる四類型を示している（ダグラス、江河徹他訳『象徴としての身体』紀伊国屋書店、一九八三年、一一一頁以下参照）。A・ウィルダフスキーやC・フッドらはこれを行政のシステムに応用し、「ヒエラルヒー型」「平等主義型」「個人主義型」「運命論型」としてとらえ、相互性は平等主義型の基本パタンとされる。同理論の応用の代表的な著作として、C. Hood, *The Art of the State: Culture, Rhetoric, and Public Management*, Oxford, University Press, 1998 参照。

（4）行政組織の決定に議会の承認が必要か否かにも関係するが、英国では総選挙の度に首相による組織再編が行われ、内閣が短命で省庁組織の持続性が強い日本と対照的である。

（5）制度の成長・進化・変質に関する視点については、P. Selznick, *The Moral Commonwealth: Social Theory and the Promise of Community*, University of California Press, 1992, pp. 231ff. および西尾隆「セルズニックの『制度』理論」『社会科学ジャーナル』二六号（1）一九八七年参照。

（6）田伏潤（記者）「定まらぬ公務員像」『朝日新聞』二〇〇七年四月一四日参照。

（7）C. Hood, "Public Management for All Seasons?" in *Public Administration*, vol. 6, spring, 1991, pp. 3-19.

(8) 辻清明は、一九四九年の論文「公務員制の意義と限界」の中で、「二重の課題」について、「一方では固定的な官僚制を排除しながら、他方においてこれを保障するという矛盾がわが国の公務員法に当初から内在していた」と説明している。辻『新版 日本官僚制の研究』東京大学出版会、一九六九年、二四頁以下参照。

(9) 辻清明『公務員制の研究』東京大学出版会、一九九一年、二八七頁。

(10) 辻、前掲「公務員制の意義と限界」一五頁。

(11) 小林正弥「官僚制」森田朗編『行政学の基礎』岩波書店、一九九八年、三二頁以下参照。

(12) H. J. Laski, *An Introduction to Politics*, G. Allen and Unwin, revised edition, 1951, p. 79.

(13) F. Mosher, *Democracy and the Public Service*, 2nd ed., 1982.

(14) 人事院が年次報告などで憂慮するのは、法科大学院の設置以降のI種採用試験(法律系)受験者の深刻な減少である。

(15) 国家公務員の採用試験の区分は、二〇一二年度から「総合職」「一般職」「専門職」および「経験者」に再編された。

(16) 大森彌『官のシステム』東京大学出版会、二〇〇六年(引用は一〇頁)。同書に対する筆者の書評は、日本行政学会編『分権改革の新展開』(年報行政研究四三)二〇〇八年所収。

(17) 松下圭一『現代政治の基礎理論』東京大学出版会、一九九五年、二九八頁。

(18) 松下『政策型思考と政治』東京大学出版会、一九九一年、五九頁。

(19) 辻、前掲「公務員制の意義と限界」、および拙稿「辻清明『日本官僚制の研究』」佐々木毅編『現代政治学の名著』中公新書、一九八九年所収参照。

(20) 辻、前掲『新版 日本官僚制の研究』序、iv頁(〔 〕内は筆者補足)。

(21) 大森、前掲書、二六〇頁。

(22) H. Laski, *Reflections on the Constitution*, Manchester University Press, 1951、辻清明、渡辺保男訳『議会・内閣・公務員制』岩波書店、一九五九年、一七二頁。

(23) 二〇〇七年の参議院選挙で、安倍首相は天下り根絶を含む公務員問題へのとり組みを強調し、国会の会期を延長して法案を通過させた。だが、与野党の議員から争点にならないとの指摘もあり、有権者の反応もむしろ年金問題など別の争点に集中していた。

(24) 「制度(組織)と政策」の関係については、森田朗・金井利之編『政策変容と制度設計――政界・省庁再編前後の行政』ミネルヴァ書房、二〇一二年、拙著『日本森林行政史の研究』東京大学出版会、一九八八年、八―一五頁参照。

I章

（1）ケトルによれば、ガバナンスとは政府と周辺環境との関係変容、社会の中での政府の役割変化（市場の役割の拡大）、政府の規模縮小傾向に注目した概念とされ、資源不足の中で増大する社会的ニーズに対応とする試みと要約しうる。D. F. Kettl, *The Transformation of Governance: Public Administration for Twenty-first Century America*, the Johns Hopkins University Press, 2002, ch. 6.

（2）人事院総裁を務めた佐藤達夫によれば、公務員とは、「国または地方公共団体と身分上のかかわりを持ち、その公務に従事する者を指す」としている。『国家公務員制度』第六次改訂版、学陽書房、一九九一年、二頁。一方、行政法学の塩野宏は、「公務員の観念の相対性」から議論をおこし、憲法・刑法・国賠法など法領域ごとに多角的にその説明を試みている。塩野『行政法Ⅲ』第四版、有斐閣、二〇一二年、二六四頁以下。なお足立忠夫は、法律学の定義には無内容なトートロジーが多いとも記している。足立『職業としての公務員』公務職員研修協会、一九七八年、七頁。

（3）「公務員行政」という表現は「人事行政」と比べて必ずしも一般的ではないが、人事院の四〇周年記念論文集が表題にこの語を使っているように、公務員制度全般をその業務対象とする人事院や総務省などの「制度官庁」にとってはごく自然な表現であろう。

（4）塩野は、特殊法人の職員、審議会委員、アルバイトなどを限界事例としてあげている。塩野、前掲書、二六四頁。

（5）毛桂栄「『公務員』の用語と概念をめぐって――日本と中国」『法学研究』九八号、二〇一五年一月所収参照。日本の刑法の影響で、一九三〇年代以降の中国（中華民国）では公務員の語を戦後日本の用法で用いていたとされる。

（6）鵜飼信成『公務員法』（新版）有斐閣、一九八〇年、一五頁以下参照。

（7）割拠性を病理現象と見る一般の見方に対し、生理面からも分析の光を当てた研究として、今村都南雄『官庁セクショナリズム』東京大学出版会、二〇〇六年参照。今村は、セクショナリズムが「人の問題であるよりも組織の問題であることを見抜くことが先決」（二二一―二二三頁）だと指摘するが、本書では個人と組織の中間に位置するグループ化された公務員とその相互性に注目したい。

（8）鵜飼幸雄「『全体の奉仕者』ということば――ここに込められた、その時々のさまざまな想い」『人事院月報』八〇〇号、二〇一六年四月所収参照。

（9）鵜飼信成、前掲書、一八頁参照。

(10) 西村美香「公務員制度」森田朗編『行政学の基礎』岩波書店、一九九八年所収、一〇六頁参照。
(11) 国ではハローワーク窓口、自治体では図書館・保育所・学校などで非正規職員の割合が増加しており、「官制ワーキングプア」と称されることもある。この現象を批判的に論じたものとして、上林陽治『非正規公務員』日本評論社、二〇一二年参照。
(12) 任用とは、採用だけでなく昇任・降任・転任などを含む行政による任命行為の総称である。国公法制定当初は職階制の実施を前提としていたが、現在では能力の実証に基づく判断が求められ、平等取扱の原則が適用される点が公務に特徴的といえる。
(13) 塩野宏『行政法Ⅰ』第六版、有斐閣、二〇一五年、三八頁以下、および前掲、『行政法Ⅲ』、二八〇頁以下参照。
(14) 大法廷・判決昭和43（あ）2780 国家公務員法違反（刑集第二七巻四号五四七頁）。
(15) 電力会社職員による電源スト、停電ストは一九五〇年代初頭まで見られたが、五三年の立法措置（電力事業・石炭工業におけるスト規制法）で電力供給ストについては禁止されている。
(16) 松下圭一『政策型思考と政治』東京大学出版会、一九九五年、二六五頁。
(17) 同右、四章、五二頁以下参照。
(18) 同右、二六六頁。
(19) 西尾隆「協働型市民・住民論」武藤博巳編『分権社会と協働』ぎょうせい、二〇〇一年所収、六五頁参照。
(20) 後にも論及するが、対市民規律については、松下、前掲『政策型思考と政治』二六三頁参照。松下の議論の基礎になっているのは、辻清明の一九四七年の論文、「日本官僚制と対民衆官紀」同、前掲『新版　日本官僚制の研究』所収を参照。
(21) 団藤重光『刑法綱要各論』三版、創文社、一九八五年、一一七頁。
(22) 同右。
(23) 同右、一四七頁以下参照。
(24) この後触れる国庫負担金による教員給与を含め、二〇一七年度予算における国・地方を合わせた公務部門二八七・八万人の総人件費は二六・六兆円である。財務省資料。
(25) 二〇一六年度予算で見ると、国の当初予算九六・七兆円のうち国家公務員人件費五・二兆円の占める割合は五・四％であり、社会保障費（三三％）と比べても縮減効果には限界がある。ただし地方公務員の人件費は二〇兆円と、国の四倍の規模である。財務省資料。

(26) See. G. Drewry and T. Butcher, *The Civil Service Today*, 2nd ed., Blackwell, 1991, p. 13.
(27) B. G. Peters, *The Politics of Bureaucracy*, 5th ed., Routledge, 2001, p. 8.
(28) 池田清彦『分類という思想』新潮選書、一九九二年参照。
(29) 西村美香「地方公務員制度」西尾勝・村松岐夫編『講座行政学2 制度と構造』有斐閣、一九九四年所収、二〇三頁以下参照。
(30) 鈴木俊一『官を生きる』都市出版、一九九九年、七六頁。
(31) 同右、一三八頁以下参照。
(32) 地方事務官の歴史的背景、定着の過程に関しては、深町泉「社会保険行政における地方事務官制度の形成と定着——機関委任事務との関係において」『年報 自治体学』一一号、一九九八年所収、一二六頁以下参照。
(33) 天川晃「変革の構想——道州制論の文脈」大森彌・佐藤清三郎編『日本の政府間関係』東京大学出版会、一九八六年所収参照。
(34) 稲継裕昭『人事・給与と地方自治』東洋経済新報社、二〇〇〇年、第三章参照。引用は一一〇頁。
(35) 鹿児島重治「公務員制度と人事管理——実務上の問題を中心として」日本行政学会『年報行政研究22 公務員制度の動向』ぎょうせい、一九八七年所収、九六—九七頁参照。下井康史も、公務員制度の一元的・画一的性格について、任期付任用などの最近の動きとの関係で「再検証が必要」と指摘している。下井『公務員制度の法理論——日仏比較公務員法研究』弘文堂、二〇一七年、三一八頁参照。
(36) 塩野、前掲『行政法Ⅲ』二六七頁。もっとも、人事院の関与を受けない「自由」というのは、人事を行う者にとって積極的な意味をもちうる。
(37) 「政治任用」の概念は国により、また論者により多様な使われ方をするため、西尾勝は「自由任用」との対比で整理を試みている。西尾勝「公務員制度改革の道筋」『UP』二〇〇七年八月号所収参照。また、戦前の「自由任用」と「政治任用」の概念を軸に制度改革論議を整理・分析した研究として、出雲明子『公務員制度改革と政治主導——戦後日本の政治任用制』東海大学出版部、二〇一四年参照。
(38) 行政統制・責任のタイプから見れば、特別職に加えられている外交・軍事・宮中事務などは、司法統制も含め、フリードリッヒのいう専門知識に基づく「機能的責任」(functional responsibility)の範疇に入れることが可能であろう。機能的責任の原理については、拙稿「行政統制と行政責任」西尾勝・村松岐夫編『講座行政学6 行政と市民』有斐閣、一九九四年所収、二八一頁以下参照。
(39) 渡辺保男「日本の公務員制」辻清明他編『行政学講座2 行政の歴史』東京大学出版会、一九七六年所収、一三〇頁。
(40) これら特別職の試験区分も、二〇一二年よりⅠ種・Ⅱ種・Ⅲ種の区分から、総合職・一般職・専門職などに再編されている。防衛省の総合職と一般職については、以前の独自の試験から人事院による試験に吸収された。なお、郵政民営化に伴い郵政公社による採用試験は二〇〇八年度から廃止された。
(41) 人事院『年次報告書』平成二七年度参照。
(42) 技官問題に行政学の視点から接近した研究として、新藤宗幸『技術官僚』岩波新書、二〇〇二年、藤田由紀子『公務員制度と専門性——技術系行政官の日英比較』専修大学出版局、二〇〇八年参照。
(43) 新藤、前掲書、二五頁以下参照。
(44) 行政におけるプロフェッショナリズムのとらえ方に関しては、拙稿「公務員制とプロフェッショナリズム」『公務研究』第一巻一号、一九九八年一〇月所収を参照。
(45) 天下り規制により近年は徐々に幹部への昇進年齢が遅くなっている。これについては改めて言及したい。
(46) 公務員の「身分」とは多義的な意味あいをもつが、ここでは足立忠夫の理解にそって「固定的な上下関係」の意味で用いる。足立「職業人としての公務員」人事院編『公務員行政の課題と展望』(人事院創立四〇周年記念論文集)ぎょうせい、一九八八年所収、二一七頁参照。
(47) 古川貞二郎「私の行政官人生の原点——公務員になった諸君へ」『公務員白書』(平成一七年度版)人事院、二〇〇七年所収、五六頁。なお、古川の公務員人生に関しては、同『霞が関半生記』佐賀新聞社、二〇〇五年参照。
(48) 人事院『国家公務員プロフィール』平成一九年版。
(49) 川手摂『戦後日本の公務員制度史——「キャリア」システムの成立と展開』岩波書店、二〇〇五年参照(引用は五頁)。
(50) 同右、三四頁。
(51) 今村都南雄、武藤博巳他『ホーンブック行政学』改訂版、北樹出版、一九九九年、一一七頁(執筆は武藤)。
(52) 西尾隆「行政問題用語」『現代用語の基礎知識』自由国民社、一九九三年版所収。
(53) 人事院『平成27年度 年次報告書』。一般職全体に占める女性の割合は二〇一五年度で一六・六%である。
(54) データは内閣府『男女共同参画白書』平成一九年度版所収の図表による。
(55) 人事院、前掲年次報告書、および資料による。

(56) 池田清彦、前掲書、八頁。
(57) 牧原出『内閣政治と「大蔵省支配」――政治主導の条件』中央公論新社、二〇〇三年、二五七頁以下参照。
(58) 以下の議論は、西尾勝『行政学』(新版) 有斐閣、二〇〇一年、一三六頁以下参照。
(59) 辻、前掲『新版 日本官僚制の研究』iii頁。
(60) 伊藤大一『現代日本官僚制の分析』東京大学出版会、一九八〇年、「はしがき」および第二章、とくに四九頁以下参照。
(61) 井出嘉憲『日本官僚制と行政文化』東京大学出版会、一九八二年参照。
(62) 村松岐夫『戦後日本の官僚制』東洋経済新報社、一九八一年参照。
(63) OECD編著、平井文三訳『図表でみる世界の行政改革』明石書店、二〇一六年、八四―八五頁。
(64) 野村総合研究所『公務員数の国際比較に関する調査報告書』同研究所、二〇〇五年。
(65) 財務省「国民負担率の国際比較」(表)。数値はいずれも二〇一三年で四捨五入。
(66) 大和総研『Public Sector Review』(鈴木準執筆) 二〇〇五年一一月参照。
(67) 前田健太郎『市民を雇わない国家――日本が公務員の少ない国へと至った道』東京大学出版会、二〇一四年参照。
(68) 大森彌『官のシステム』東京大学出版会、二〇〇六年参照
(69) この点については、西尾勝、前掲『行政学』七、一〇、一六章が詳しい。
(70) 大森、前掲書、Ⅱ章参照。

Ⅱ章

(1) 官吏制度の変遷については、戦後の公務員制度を含め、主として以下の文献を参照。日本公務員制度史研究会編『官吏・公務員制度の変遷』第一法規、一九九一年、戦前期官僚制研究会・秦郁彦『戦前期日本官僚制の制度・組織・人事』東京大学出版会、一九八一年、および人事行政調査会『公務員人事行政の変遷』同調査会、一九七一年。
(2) 省の設置は、一八八七年の民部・大蔵・兵部・宮内・外務・工部の六省体制から、内閣制度発足時には、外務・内務・大蔵・陸軍・海軍・司法・文部・農商務両省・逓信の九省体制となり、概ね終戦までの基礎ができる。ただし個々の事務の所管省は頻繁に変化している。
(3) 福沢諭吉「社会の形勢 学者の方向、慶応義塾学生に告ぐ」『福沢諭吉全集』第一一巻、岩波書店、一九六〇年所収、一九〇頁参照。福沢が「政治偏重」と呼ぶ当時の若者の「官」志向については、石川一三夫「福沢諭吉の名望家自治論」

『中京法学』二八巻三・四号、一九九四年四月所収参照。
（4） B. S. Silberman, *Cages of Reason*, University of Chicago Press, 1993, 武藤博己他訳『比較官僚制成立史』三嶺書房、一九九九年参照。
（5） 同右、二五四頁。
（6） 辻清明「公務員制の意義と限界」『新版 日本官僚制の研究』東京大学出版会、一九六九年所収、二四頁。
（7） 一八九二年の「高等官官等俸給令」では、勅任官は高等官一・二等、奏任官は高等官三～九等、判任官は一～五等、全体で一四等に分類されていた。
（8） 水谷三公『官僚の風貌』中央公論新社、一九九九年参照。
（9） 事務官と技術官の格差に関しては、例えば林業技術者が多数を占める農商務省山林局では、勅任官である山林局長は終戦まで法制官僚に独占され続け、技師の最高ポストは業務課長であった（勅任の場合もあった）。昇進の速度についても、明治末年任官の比較で、奏任官までに東大法卒の高文組は三年、東大林卒の技術官は一一年、そこから勅任までに事務官は一六年、技師は一七年という違いがあり、それは給与の差にもなった。政策的影響については、西尾隆『日本森林行政史の研究』東京大学出版会、一九八八年、四章参照。
（10） 新藤宗幸『技術官僚』岩波新書、二〇〇二年、五四頁参照。
（11） 水谷、前掲書、一八二頁。
（12） 同右、二〇三頁以下参照。
（13） 同右、二一七―二一八頁。
（14） 『厚生省五十年史』（記述編）一九八八年、一〇八頁。
（15） 清水唯一朗『近代日本の官僚――維新官僚から学歴エリートへ』中公新書、二〇一三年、三三七頁。
（16） 野口悠紀雄『一九四〇年体制』増補版、二〇一〇年、三―五章参照。
（17） フーバーはなぜアメリカにはない人事院の独立性について強くこだわったのか、西尾勝は推測だと断りつつ、職階制の実施主体としての期待、政治任用拡大への危惧、労使双方からの独立性の三点を挙げ、当時の日本の政治家と行政官の双方からの独立が企図されていたと指摘する。西尾勝『行政学』新版、有斐閣、二〇〇一年、一五四―一五五頁。
（18） イギリスやオーストラリアなどのウェストミンスター諸国でも、「ガバメント」は定義の難しいタームだとされ、内閣を指す場合、議会・裁判所も含む統治機構全体を指す場合、社会に対する統制や方向づけ（ガバナンス）を意味する場合があるとされる。Ian Cook, *Government and Democracy in Australia*, Oxford University Press, 2004, p. xvii.

(19) 以下の説明に関しては、自治体と市民の関係として詳しく論じたことがある。西尾隆「協働型市民・住民論」武藤博己編『分権社会と協働』ぎょうせい、二〇〇一年所収参照。

(20) H. Finer, *The Theory and Practice of Modern Government*, Taylor and Francis, 1932, vol. 2, p. 7.

(21) A. Bentley, *The Process of Government*, 1908, D. Truman, *The Governmental Process*, 1951. これらの動向を分析した論考として、辻清明「社会集団の政治機能」『近代国家論』（第二部）弘文堂、一九五〇年所収参照。

(22) H・J・ラスキ、飯坂良明訳『近代国家における自由』岩波文庫、一九七四年参照。

(23) J・E・スティグリッツ、藪下史郎他訳『スティグリッツ 入門経済学』（第二版）東洋経済新報社、一九九九年参照。

(24) 以下の説明のうち人格構造に関する部分については、S・フロイト、高橋義孝訳『精神分析入門』（上・下）新潮文庫、一九七七年参照。また、西尾隆、前掲「協働型市民・住民論」も参照。

(25) G・アーモンドなどシステム理論に立つ比較政治・政治発展論では、政治システムの進化（度）を「規制」「抽出（徴税）」「分配」「象徴」「応答」といった「能力」（capability）指標によって検証している。See, G. Almond, *Comparative Politics: A Developmental Approach*, Little Brown, 1966.

(26) この三類型は、セルズニックとノネによる法の変動・発展理論から多くのヒントを得ている。むろん法と政府という制度は同一ではなく、法は政府によって制定・変更されつつ政府を規制するという意味で、両者は相互的な関係をもつ。にもかかわらず、公的な制度の代表格である法と政府（とくに公務員制）の発達過程には共通のパタンが観察され、法も政府も「体制」の主要な一部として、「抑圧的」段階、「自律的」（民主的）段階、「応答的」段階についてはアナロジーが成立すると考えられる。P. Nonet and P. Selznick, *Law and Society in Transition: Toward Responsive Law*, Harper and Row, 1978（六本佳平訳『法と社会の変動理論』岩波書店、一九八一年）参照。

(27) 西尾隆「行政のアカウンタビリティとその内在化——『応答的政府』への途」日本行政学会編『年報行政研究三三 行政と責任』ぎょうせい、一九九八年所収参照。

(28) Nonet and Selznick, *op. cit.*, p. 44.

(29) *Ibid.*, p. 48.

(30) *Ibid.*, p. 59.

(31) C. Johnson, *MITI and the Japanese Miracle: the Growth of Industrial Policy, 1925–1975*, Stanford University Press,

1982.（C・ジョンソン、矢野俊比古訳『通産省と日本の奇跡』ＴＢＳブリタニカ、一九八二年）参照。

(32) OECD, *Responsive Government: Service Quality Initiatives*, 1996.

(33) Nonet and Selznick, *op. cit.*, pp. 115–121.「インテグリティ」を六本佳平は「完潔性」と訳し、「人ないし制度が、自己の同一性を規定する一定の原理をもろもろの外的な影響力によって乱されずに忠実に守ること。『廉潔性』はその特殊なケース」と説明している（前掲、六本訳、あとがき、二〇〇頁）。

(34) *Ibid.*, p. 36.

(35) 小川和也によれば、牧民の思想は近世国家の統治イデオロギーの一種であり、一四世紀中国の張養浩著『牧民忠告』を起源とし、関連書が幕藩体制下の日本で浸透していったという。小川『牧民の思想――江戸の治者意識』平凡社、二〇〇八年参照。

(36) こうした警察への期待は植木枝盛など民権派に見られた。大日方純夫『日本近代国家の成立と警察』校倉書房、一九九二年、三四四頁以下参照。

(37) 佐竹五六『体験的官僚論』有斐閣、一九九八年、一、二章参照。

(38) 後藤田正晴『政と官』講談社、一九九四年、二七―三〇頁。

(39) 同右、一二三頁以下参照。

(40) 松下圭一『政策型思考と政治』東京大学出版会、一九九一年、七五―七六頁。

(41) See, OECD, *op. cit.* 同書の副題が"Service Quality Initiative"となっているように、これらの概念のフォーカスは公共サービスの提供段階である。とはいえ多くの論考は行政システム全体の質向上を企図しており、新段階の政府の条件と理解してよいであろう。

(42) 西尾勝「行政責任」同『行政学の基礎概念』東京大学出版会、一九九〇年所収、三六三頁。

Ⅲ章

(1) P. Self, *Administrative Theories and Politics*, G. Allen & Unwin, 1972, p. 151. 片岡寛光監訳『行政官の役割』成文堂、一九八一年、一七四頁。

(2) 岡義達『政治』岩波新書、一九七一年、四章参照。

(3) 具体的には、事務官僚の特権性から生じた技術官僚への差別と抑圧が省庁横断的な技術者水平運動を生み、それを軸にした政策的帰結が国有林技術者による戦時増伐であった。西尾隆『日本森林行政史の研究』東京大学出版会、一九八八年、四章参照。

（4）野口悠紀雄『一九四〇年体制――さらば戦時経済』増補版、東洋経済新報社、二〇一〇年、官僚制改革については五章参照。

（5）岡田彰『現代日本官僚制の成立』法政大学出版局、一九九四年、九一頁。

（6）F・E・ローク、今村都南雄訳『官僚制の権力と政策過程』第二版、中央大学出版部、一九八一年参照。

（7）「S-1試験」の内容と実施状況に関しては、坂本勝「国家公務員法附則第9条の試験と人事院の改廃」『龍谷法学』四五巻四号、二〇一三年所収、一〇三頁以下、および川村祐三『ものがたり公務員法』日本評論社、一九九七年、第一七話などを参照。

（8）人事院編『人事行政二十年の歩み』人事院、一九六八年、四二頁。

（9）川手摂『戦後日本の公務員制度史』岩波書店、二〇〇五年、三七頁の表現による。

（10）同右、三章参照。

（11）以下、西村美香『日本の公務員給与政策』東京大学出版会、一九九九年、一章参照。なお、地方公務員の給与については、国家公務員との均衡を意味する「官公均衡」の原則が五〇年の地方公務員法制定により定着していった。

（12）『公務員白書』（各年）の巻末に一九六〇年以降の人勧の数字と実施状況が掲載されている。

（13）藤井貞夫「人事院の思い出」前掲『人事行政二十年の歩み』所収、二二頁。

（14）中道實編『日本官僚制の連続と変化――ライフヒストリー編』ナカニシヤ出版、二〇〇七年参照。

（15）同右、二〇四頁以下参照。

（16）同右、一四六頁以下参照。

（17）同右、一七三頁以下参照。

（18）同右、二五一頁以下参照。

（19）同右、一九〇頁以下参照。

（20）日本公務員制度史研究会編『官吏・公務員制度の変遷』一九九一年、三七三―三七六頁。

（21）中道編、前掲書、一〇六―一〇七頁。

（22）同右、二八七頁。

(23) 同右、四七六―四七七頁。
(24) 同右、三六一頁。
(25) 同右、三八一頁。
(26) 同右、一二七―一二九頁。
(27) 西尾勝『行政学』(新版) 有斐閣、二〇〇一年、一七七頁。
(28) 以下、佐橋滋『異色官僚』ダイヤモンド社、一九六七年、一五四―一七六頁参照。佐橋は城山三郎の小説『官僚たちの夏』(新潮社、一九七五年) の主人公のモデルとして知られている。
(29) 東京大学先端科学技術研究センター御厨貴研究室、東北大学法学研究科牧原出研究室『田中一昭 オーラル・ヒストリ―I』(オーラル・ヒストリーシリーズ) 二〇一一年、一三〇―一三五頁参照。
(30) 渡辺保男「公務員のキャリア」辻清明編『行政学講座4 行政と組織』東京大学出版会、一九七四年所収、一六九―二〇七頁。
(31) 稲継裕昭『人事・給与と地方政治』東洋経済新報社、二〇〇〇年、九五頁。
(32) 早川征一郎『国家公務員の昇進・キャリア形成』日本評論社、一九九七年参照。
(33) 省庁によって割合は大きく異なり、多い例は特許庁の六二%、内閣法制局、消防庁の三七%、少ない例は文部科学省、国税庁の〇・五%などである。長妻昭衆議院議員の質問主意書「キャリア官僚のエリート度に関する質問」に対する小泉首相の答弁 (二〇〇三年六月二七日付) 参照。
(34) 以下、森永耕造「グループ別人事管理についての考察」『人事院月報』二〇〇七年五月号所収参照。森永は執筆時には人事院企画法制課長であったが、この記事は個人的な分析・意見であるとされている。
(35) 村松岐夫『日本の行政』中公新書、一九九四年、一、二章参照。
(36) このテーマは、大森、前掲書、一章、川手、前掲書、二章が詳しく扱っている。その後の研究として、金井利之「戦後日本の公務員制度における職階制」『公共政策研究』六号、二〇〇六年所収、福田紀夫「職階制の廃止と人事評価制度導入の経緯と課題」『人事行政』(別冊試験と研修) 二〇一六年三月所収参照。

Ⅳ章

(1) 臨調の答申と解説については『自治研究』四八六号、一九六四年一〇月参照。

（2）臨調の「意見」は、内閣府に人事局の設置を提案する一方、人事院の独立性は強化すべきだとしていた。先にも述べたように、総理府人事局の設置はＩＬＯ八七号条約批准との関係で六五年に実現している。
（3）「見えぬ明日、頼りない国　日本の将来は？」（世論調査）『朝日新聞』一九九九年一月一日。この間、調査の質問の言葉は「信頼」から「信用」に変わっている。
（4）公務員制度改革についてはこの間に多くの研究が行われ、研究者だけでなく実務家や政党も国際比較を含めて検討を重ねてきた。一例として、村松岐夫編著『公務員制度改革――米・英・独・仏の動向を踏まえて』学陽書房、二〇〇八年参照。人事院の『年次報告』（公務員白書）は毎年特集を組み、政治任用、労使関係、人事評価、給与決定、女性登用などのテーマで国際比較を含む検証を行っており、参考になる。
（5）第二臨調と行革審（第一次）の答申と活動記録は、臨調・行革審ＯＢ会監修『臨調　行革審――行政改革２０００日の記録』行政管理研究センター、一九八七年参照。
（6）『朝日新聞』一九八二年九月二一日。なお、この決定発表は同月二四日、「行革大綱」と共に閣議決定されている。
（7）『朝日新聞』社説、一九八一年九月二二日。
（8）伊東光晴「あるべき行政改革の主眼点」『世界』一九八二年二月号所収、三四―三五頁。
（9）松崎芳伸日経連専務理事へのインタビュー『ジュリスト』一九八二年一一月一日号、三六―三七頁。
（10）前掲『朝日新聞』社説、一九八二年九月二二日。
（11）『人事院月報』一九八四年一〇月号、一四頁。
（12）「給与勧告について聞く」『人事院月報』一九八六年一〇月号所収、一一頁。
（13）「ひと」欄（鹿児島重治）『朝日新聞』一九八七年二月五日。
（14）この間の注目すべき変更として、官民給与の比較対象となる企業規模が、二〇〇六年に一〇〇人以上から五〇人以上の企業に広げられたことがあげられる。実質的な違いは小さかったといわれるが、小規模の企業も比較の対象に含めることはそれだけ応答性を高める効果をもったと考えられる。
（15）田中一昭編『行政改革』（新版）二〇〇六年、一九―二〇頁。
（16）国家オンブズマン構想に関しては、参議院第三特別調査室（国際基督教大学政府制度研究会編）『国会による行政統制の在り方』同調査室、二〇一七年、および松下圭一『政治行政の考え方』岩波新書、一九九八年、第三章参照。
（17）この論点に関しては、西尾隆「公務員倫理と市民常識――対話型職員への道」国家公務員倫理審査会編『公務員倫理の確立に向けて――国家公務員倫理法の10年』同審査会、二〇〇九年所収参照。

(18) 岡光序治『官僚転落』廣済堂出版、二〇〇二年、第一章参照。

(19) 例えば、野田聖子「官僚を委縮させるな」『朝日新聞』二〇〇二年六月三〇日。

(20) 田中一昭・岡田彰編著『中央省庁改革』日本評論社、二〇〇〇年、二二二―二二三頁。

(21) 公務員制度調査会の答申の全文、古橋源六郎委員による解説、筆者を含めた研究者による論評については、『ジュリスト』一一五八号、一九九九年六月一五日所収参照。

(22) 日本行政学会が二〇〇二年度研究会の共通論題として公務員制度改革をとり上げ、その議論は翌年の年報に掲載されている。日本行政学会編『公務員制度改革の展望』ぎょうせい、二〇〇三年。このほか『ジュリスト』一二二六号、二〇〇二年七月一日、『都市問題研究』五二六号、二〇〇三年一月、『日本労働法学会誌』一〇一号、二〇〇三年などが特集を組んでいる。『都市問題研究』には当事者（春田謙室長）による解説がある。新藤宗幸『異議あり！ 公務員制度改革――官僚支配を超えて』岩波ブックレット、二〇〇三年も含め、総じて批判的な論評が多い。

(23) 「公務員制度改革放浪記」は民間から出向した大手電機メーカー社員による約一〇万字の詳細なもので、経産省の「裏チーム」の存在についても記している。推進室の「密室作業」ぶりについては、『選択』二〇〇一年一一月号参照。

(24) 西尾隆「公務員制度改革と『霞が関文化』」前掲、日本行政学会『公務員制度改革の展望』所収参照。

(25) 真渕勝『行政学』有斐閣、二〇〇九年、六二頁以下参照。

(26) 中野雅至『天下りの研究――その実態とメカニズムの解明』明石書店、二〇〇九年、四章参照。

(27) 西尾隆「天下り再考」『自治総研』二六巻八号、二〇〇〇年。

(28) http://www8.cao.go.jp/survey/tokubetu/h18/h18-koumuin.pdf

(29) 世論の概念の整理については、田中愛治「世論とメディア」久米郁男・田中愛治ほか『政治学』有斐閣、二〇〇三年所収、四一三頁以下参照。

(30) W・リップマン、掛川トミ子訳『世論』（上・下）岩波文庫、一九七八年、D・R・キンダー、加藤秀治郎他訳『世論の政治心理学』世界思想社、二〇〇四年、二章参照。

(31) 中野雅至『公務員バッシングの研究』明石書店、二〇一三年、六二二頁参照。

(32) 松下圭一『政策型思考と政治』東京大学出版会、一九九一年、九六頁。

(33) 同右、二六七頁。

(34) 西尾勝「行政改革過程における『世論』の意義——臨時行政調査会の審議および改革意見の場合」『年報行政研究』ぎょうせい、一九六六年所収、一七八頁。
(35) 牧原出『権力移行——何が政治を安定させるのか』NHK出版、二〇一三年、一七九頁。
(36) 西尾隆「公務員制度改革と世論」『季刊行政管理研究』一四三号、二〇一三年九月所収参照。
(37) 「国の原発広報 事故後25億円 天下り・電力系が66％受注」『朝日新聞』二〇一三年六月一七日、同日の同紙夕刊「かたえくぼ」は「禁断症状にうちかつのは容易ならず。いまだに国営で原発の宣伝。あまい予算に天下りや電力関係者が群がって」と揶揄している。文科省ＯＢの再就職等規制違反では、現役事務次官が引責辞任し、ＯＢを含む三七人に停職・減給等の処分が行われた。
(38) 以下、基本法の審議過程と内容については、西尾隆「国家公務員制度改革基本法」（時の法律）『ジュリスト』一三六三号、二〇〇八年九月一五日所収参照。
(39) この間の法案の内容とその検証については、稲葉馨「公務員制度改革関連法案と人事行政組織の再編」『自治総研』三九九号、二〇一二年一月所収、および武藤博己「公務員制度改革と幹部職員の一元管理」『自治総研』四〇七号、二〇一二年九月所収参照。
(40) 原英二『官僚のレトリック——霞が関改革はなぜ迷走するのか』新潮社、二〇一〇年参照。原は渡辺大臣補佐官を務め、国家公務員制度改革推進本部事務局を退職後に（株）政策工房を設立している。
(41) 西村美香「公務員制度改革はなぜ進まないのか」『人事院月報』七六〇号、二〇一二年一二月所収。
(42) 原田久『行政学』法律文化社、二〇一六年、六三—六四頁参照。
(43) 岩岬修「『失われた15年』となる公務員制度改革」『自治総研』四一三号、二〇一三年三月所収、三五頁。
(44) 森園幸男、吉田耕三、尾西雅博編『逐条国家公務員法』全訂版、学陽書房、二〇一五年、一頁。
(45) 原田、前掲書、六一頁。
(46) 出雲明子『公務員制度改革と政治主導』東海大学出版部、二〇一四年、三八九頁参照。
(47) 西尾隆、前掲「公務員制度改革と世論」一五頁以下参照。
(48) 内閣府政府広報室「公務員制度に関する特別世論調査」二〇〇七年三月参照。http://www8.cao.go.jp/survey/tokubetu/h18/h18-koumuin.pdf

終章

（1）J・ダワー、三浦陽一訳『敗北を抱きしめて』増補版（上・下）岩波書店、二〇〇一年参照。

（2）村松岐夫『戦後日本の官僚制』東洋経済新報社、一九八一年、および辻清明『新版 日本官僚制の研究』東京大学出版会、一九六九年参照。

（3）辻『日本官僚制の研究』の解説として、佐々木毅編『現代政治学の名著』中公新書、一九八九年所収参照。

（4）山口二郎『内閣制度』東京大学出版会、二〇〇七年、二章および四章参照。

（5）M. Thompson, R. Ellis, and A. Wildavsky, *Cultural Theory*, Westview Press, 1990, Hood, *op. cit.* (1998). 日本に紹介したものとして、伊藤正次「『文化理論』と日本の政治行政研究——その限界と可能性」『季刊行政管理研究』八二号、一九九八年六月所収、赤間祐介「政治文化論の新展開——A・ウィルダフスキーの『文化理論』をめぐって」『東京学芸大学紀要3部門』五〇号、一九九九年所収参照。

（6）M. Douglas, *Natural Symbols; Explanation in Cosmology*, Pelican, 1973, Ch. 4.

（7）A. Wildavsky, "Choosing Preferences by Constructing Institutions: A Cultural Theory of Preference Formation," *American Political Science Review*, vol. 81 (1), 1987, p. 6.

（8）C. Hood, Oliver James, B. Guy Peters, Collin Scott ed., *Controlling Modern Government: Variety, Commonality and Change*, Edward Elgar, UK, 2004, p. 196.

（9）石田雄『日本の政治文化——同調と競争』東京大学出版会、一九七〇年参照。

（10）See, Thompson, *et al., op. cit.* (1990), Ch. 4. ウィルダフスキーらは、文化パタンの間のシフトの契機は「驚き」だと指摘している (p. 69 ff.)。

（11）文化理論を用いているわけではないが、南島和久は「明治官僚制が遺した行政文化をどのように克服するのか」という問題意識から、公務員制度改革の歴史を考察している。南島「日本における官僚制の史的展開——公務員制度改革はなぜ挫折するのか」『神戸学院法学』（一—六）四二巻二号（二〇一二年一二月）—四五巻四号（二〇一六年二月）所収参照。

（12）森田朗『新版 現代の行政』第一法規、二〇一七年、一一八—一一九頁。

（13）新渡戸稲造、矢内原忠雄訳『武士道』岩波文庫、一九七四年参照。

（14）自治体職員に関するものだが、西尾隆「専門性の高い職員をどう確保するか」『ガバナンス』二一六号、二〇一七年四月所収参照。

(15) 竹中治堅らは、政権交代と安保法制を含む政策転換について分析し、意思決定の集権化、首相および首相周辺の政治家・官僚の役割増大を指摘している。竹中『二つの政権交代――政策は変わったのか』勁草書房、二〇一七年参照。

(16) 星浩「消えゆく公平中立の役所」『朝日新聞』二〇一五年一〇月一八日参照。

(17)「前川前事務次官　菅氏『地位に恋々としがみついていた』」『毎日新聞』二〇一七年五月二五日参照。

(18) 西尾勝は、政治主導に関して、戦後早い段階から実現していた与党主導、恩顧主義的な政治家主導と区別して、内閣主導の必要性を指摘している（『行政学』（新版）有斐閣、二〇〇一年、一〇八頁参照）。

(19) Hood, *et al.*, *op. cit.*, p. 12.

あとがき

日本の公務員制とは一体どのような性格の制度なのか。歴史的な変化、直近の環境である政治との関係、社会的・文化的次元といった複数の文脈の中で公務員制を立体的に描くことは、筆者が久しく抱いてきた課題であった。学問的には素朴すぎる問いかもしれないが、欧米の「総合医」（ＧＰ）が治療に際して行う「見立て」が高度の知識と経験を要求するように、戦後改革から七〇年を経た公務員制を総合的に把握し、現在の症状に対して的確な診断を下すことは、試みるほどに困難な課題だという実感をもつ。

日本の公務員制の性格については、これまで閉鎖性、特権性、割拠性などが指摘されてきた。これに加え、各省人事の自律性、分権性、文化的パタンとしての相互性、グループ内での平等主義、異動における職員の受動性、人口比からみた公務員数の少なさも特徴に数えられよう。

また、東日本大震災後の大幅な給与削減措置、非正規職員の増加、官邸主導によるトップダウンの幹部人事なども最近の注目すべき動向である。これらの観察に基づく性格の同定作業は、およそニュートラルな記述にはとどまらない。実態の把握と性格の理解を超え、民主的なのか、フェアな運用といえるのか、問題解決に有効か、これまでの改革は妥当だったのかといった評価と密接にかかわってくる。そうした評価は実践的な性格をもち、改革の方向を左右する。

医療にたとえれば、現在の公務員制は更年期の不調（問題解決能力の一時的低下）ほどのものか、慢性的な依存症（天下り）に陥ってはいないか、あるいは多臓器不全で移植（抜本改革）が必要な段階なのか。精神的な問題があるとすれば、臨床家が家族も含めて治療を施すように、政府内の同居人である政治家との関係見直し（別居による接触制限）も必要ではないのか。エリート社員がはじめて顧客（市民）や上司（大臣）の拒絶に直面し、人手不足も加わってうつ状態になっているとすれば、交代要員を増やし、静養させるべきではないか。だが、「誰にも自分の代わりはできない」といった責任感が改善を阻んでいるとすれば、どんな助言や治療が有効だろうか。

一九九〇年代に始まった公務員制度改革は二〇年の議論を経て、二〇一四年の内閣人事局設置で一段落したかにみえた。だが、各段階での諸論点をいかに整理し、どう評価すればよいのか、筆者は自分の判断に確信をもつどころか、むしろ迷いが深まり、改革自体の迷走や大学での役職も重なって、筆を進めることが困難になった。この稿を書いている今も、一〇年前には予想もしなかった安倍首相の長期政権、財政規律の喪失、国民への説明不足、幹部人事への介入に接し、官僚制に対する政治統制のあり方や世論の役割について、自らの思考の組みかえを迫られている。

「行政学叢書」の刊行が始まったのは一二年も前のことである。公務員制をテーマにモノグラフをまとめたいと考えたのはさらに何年も前のことであり、気がつけば還暦を過ぎ、身体各部には衰えが現われ、歩みの遅さに呆然とせざるをえない。だが、こんな経験でも少しは参考になるかと考え、あえてこの間の個人的事情を記しておきたい。

公務員制度改革の動きと並行して、筆者は個別テーマでの論考をいくつか書いてきた。だが、それらを総合して公務員制の現在をどう見立てるのかと問われると、労働基本権問題、人事院の扱い、政治任用の是非と範囲、キャリア制の改革のどれについても、大局観をもって白黒の判断を下す自信は正直ない。「ゴーイングコンサーン」（前進する懸念）とはよくいったもので、組織も人も問題を抱えつつ活動し続けてこそ安定するが、執筆が滞るとコマが回転力を失うように不安定になる。結局どこかで見切りをつけるしかないと腹をくくり、穴だらけでも刊行することが研究者として最低限の責任ではないかと考え、ネジを巻き直して何とか本書を書き上げた次第である。

一九九六年にＯＥＣＤが提示した「応答的政府」というコンセプトに触発され、セルズニックらの「応答的法」の制度理論にヒントを得て、新世紀の公務員を「対話型職員」と名づけることで、一時は展望が開ける思いがした。そのビジョンにはリアリティがあり、戦後民主制の下で成立した公務員制が、高度経済成長という特異な条件の下で自律性を高め、その後行政資源の減少と市民の成熟を受けて、徐々に応答的システムにシフトしていくという展開の予感が確かにあった。ところが官僚への信頼は失墜し、改革論議はかみ合わず、二〇〇八年にようやく国家公務員制度改革基本法が成立したものの、混迷状況は続き、日本の国力低下も顕在化してきた。

現実の迷走に劣らず思考が停滞していた頃、執筆に戻る一つの契機となったのは、日本の公務員制に「両義性」「曖昧さ」というそれこそあやふやな表現を与え、それが必ずしもマイナスではないとの思いにいたったときである。「あいまいな日本」という時、政治の世界で問題になるのは、日米開戦などにみられる決定過程の不透明さ、結果に対する無責任体制、防衛問題のような憲法の規定と実態との乖離などであろう。

人事行政の分野では、未実施のまま廃止の決断もできずにきた職階制、根絶するには官僚人事に深く根を張りすぎた天下り慣行、メリット主義との関係が説明できないキャリア制をあげることができる。能力主義の徹底や天下りの根絶は避けては通れないテーマだが、かといって即実現するにはリスクの伴う改革課題である。だが、旧き官僚制の残存する公務員制がより応答的なシステムへと進んでいく際の慎重さを要する稜線歩きとみるならば、当事者の一見煮え切らない対応も現実をみつつ理想を諦めない制度の粘性を暗示する。官僚制と民主制という二つの中心をもつ公務員制のダイナミズムは、形を変えて現在も進行中なのである。

このことは、改革を主導する「政治の質」への評価とも関係する。政治の本質が「あれかこれか」の選択、「暗中飛躍」の決断にあるとすれば、行政の領域では「あれもこれも」の折衷主義、暗い中では判断を下さない臆病さも知恵の一つであろう。政治家はウソも含め、国会答弁で明快に言い切り、結果責任を負うのが仕事なのかと思う。それはスピードが命の経営者の行動にも一部通じよう。だが長期に勤務し、多元的な価値を扱い、複数の政権に仕えつつ全体および将来への責任を果たそうとする公務員は、時に言いよどみ、時に面従腹背がにじみ出たとしても、むしろそれが自然ではないのか。公務員制という生けるシステムは、そうした職員の葛藤を許容し、熟慮を促し、政府全体がより的確な判断ができるよう政と官の双方を支えるべきではないか。

これは自分自身の思いとも重なるが、今後も迷い続けるに違いないという確信、容易にアイデンティティを確立できないだろうという自己同定、予測困難な時代では優柔不断と見える生(制度)を生きるしかないという開き直りが、彷徨える今の公務員制に必要ではないかと考えるようになった。制度の発達におけるこの逆説、この内的ディレンマを当事者も市民も自覚的に引き受け、変化する環境に柔軟に応答しつつ制度としての一貫性を保つことが、日本の公務員制を次の段階に進める際に役立つのではないか、というのが筆者の率直な感想である。

書物や作品は固有の懐妊期間をもつといわれるが、本書のそれは著しく長く、しかも出口でひどい難産となった。何とかこの世に送ることができたのは、編者である西尾勝先生の励ましと忍耐のお陰である。この偉大な師・先輩を前に、筆者はお礼の言葉もお詫びの言葉も知らない。また、東京大学出版会の斉藤美潮さんは長期にわたって辛抱強く、しばしば立ち止まる私に声をかけつつ伴走してくださった。

同学の先輩・同輩・後輩の方々からは多くの刺激をいただき、とくに川手摂さんと出雲明子さんは原稿に丁寧に目を通し、詳しく貴重なコメントをしてくださった。私事になるが、妻の朋代には、子どもたちには応答的母、夫には自律的妻として、家庭と仕事を支えてもらった。
公務員制は、筆者の学部時代の恩師である鵜飼信成先生、大学院時代にご指導いただいた辻清明、渡辺保男、田中守の諸先生がそれぞれの立場から探究された興味の尽きないテーマである。先生方の知見は筆者にとって今なおフロンティアであり、生前にいただいたご指導とともに、研究生活上の大きな支えであった。今は亡きこれらのみ霊に対し、心からの感謝をささげたい。

西尾　隆

二〇一八年二月

6 内閣制度　山口二郎　二六〇〇円

7 国際援助行政　城山英明　二六〇〇円

8 行政改革と調整のシステム　牧原　出　二八〇〇円

9 地方財政　田邊國昭

10 道路行政　武藤博己　二六〇〇円

11 公務員制　西尾　隆　二九〇〇円

12 政府・産業関係　廣瀬克哉

ここに表示された価格はすべて本体価格です．御購入の際には消費税が加算されますので御了承下さい．

西尾勝編

行政学叢書

全12巻

四六判・上製カバー装・平均二八〇頁

日本の政治・行政構造を剔抉する、第一線研究者による一人一冊書き下ろし

1 官庁セクショナリズム　今村都南雄　二六〇〇円

2 財政投融資　新藤宗幸　二六〇〇円

3 自治制度　金井利之　二六〇〇円

4 官のシステム　大森彌　二六〇〇円

5 地方分権改革　西尾勝　二六〇〇円

ここに表示された価格はすべて本体価格です．御購入の際には消費税が加算されますので御了承下さい．

著者略歴

1955 年　広島県生れ
1978 年　国際基督教大学教養学部卒業
1986 年　同大大学院行政学研究科博士後期課程修了（学術博士）
現　在　国際基督教大学教養学部教授

主要編著書

『日本森林行政史の研究——環境保全の源流』（東京大学出版会，1988 年）
『住民・コミュニティとの協働』（編著，ぎょうせい，2004 年）
『分権・共生社会の森林ガバナンス——地産地消のすすめ』（編著，風行社，2008 年）
『現代行政学』（編著，放送大学教育振興会，2012 年）
『現代の行政と公共政策』（編著，放送大学教育振興会，2016 年）

行政学叢書 11　公務員制

2018 年 4 月 25 日　初　版

［検印廃止］

著　者　西尾《にしお》 隆《たかし》

発行所　一般財団法人　東京大学出版会
代表者　吉見俊哉
153-0041 東京都目黒区駒場 4-5-29
http://www.utp.or.jp/
電話　03-6407-1069　Fax 03-6407-1991
振替　00160-6-59964

印刷所　株式会社理想社
製本所　牧製本印刷株式会社

ISBN 978-4-13-034241-4　Printed in Japan

人名索引

ア　行

浅井清　111
麻生太郎　176
安倍晋三　15, 163
池田清彦　36
石田雄　194
石原武夫　127
石原信雄　155
出雲明子　183
井手嘉憲　56
伊藤大一　55
伊藤博文　73
伊東光晴　144
稲継裕昭　30, 130, 131
犬養毅　74
ウィルダフスキー，A.　191, 192
ウェーバー，M.　87, 89, 197
上野陽一　111
鵜飼信成　25
江田憲司　163
大隈重信　68
大平正芳　144
大森彌　12, 60
岡田彰　108
岡光序治　149, 152
岡村正　172
岡義達　104
尾崎行雄　68

カ　行

鹿児島重治　41, 147
片山哲　78
片山善博　204
桂太郎　73
上村一　119
川手摂　49, 113, 132
菅直人　176
京極純一　155
河野敏鎌　68
後藤田正晴　97
小林正弥　9
小松一郎　183, 204

サ　行

西園寺公望　73, 74
斎藤実　74
佐々木毅　173
佐竹五六　96
サッチャー，M.　197
佐藤達夫　110
佐橋滋　125
塩野宏　41, 155
清水唯一郎　75
清水汪　122
下浦静平　120
ジョンソン，C.　118
シルバーマン，B.　69
杉山克己　118
杉山弘　122
鈴木喜三郎　74
鈴木善幸　143
セルズニック，P.　88, 90, 93
セルフ，P.　103
仙谷由人　178

タ　行

ダグラス，M.　191, 192

田中一昭　127, 154, 172
田中義一　74
田中秀征　178
旦弘昌　124
団藤重光　32
ダワー，J.　188
辻清明　8, 13, 55, 70, 189, 190
辻村江太郎　153

ナ　行

長岡實　121
中野雅至　162, 164, 167
中道實　117
南原繁　75
西尾勝　54, 100, 125, 168
西村美香　177
野口悠紀雄　76, 107
野中広務　157

ハ　行

橋本龍太郎　150, 153, 154, 160
服部経治　123, 149
鳩山由紀夫　176
早川征一郎　130, 131, 132
原敬　73
原田久　177, 181
ピーターズ，B. G.　35
ファイナー，H.　81
フーバー，B.　26, 38, 77, 108, 109
福沢諭吉　69
福田康夫　171, 176
フッド，C.　6, 191, 195, 205
フリードリッヒ，C.　90, 93
古川貞二郎　49
ベントレー，A.　81
細川護熙　149

マ　行

マートン，R.　18
マイヤー，O.　76
前島密　68
前田健太郎　59
牧原出　168
町村信孝　174
松下圭一　13, 30, 61, 98, 168
松村明仁　149
真渕勝　162
御厨貴　127
水谷三公　74, 95
宮沢喜一　51
村松岐夫　56, 136, 189
モシャー，F.　9
森田朗　198
森永耕造　133
守屋武昌　151
門田英郎　119

ヤ　行

矢野俊比古　117
山縣有朋　73
山川菊枝　110
山口二郎　190
山下興家　111
吉田茂　110

ラ　行

ラスキ，H.　9, 16, 81
リップマン，W.　167
ローク，F. E.　109

ワ　行

渡辺保男　130
渡辺喜美　173
和田博雄　96

事項索引

ア 行

ILO 87 号条約　78, 115
曖昧さ　61, 208
新しい公共管理（NPM）　148, 195
あっせん収賄罪　33
あっせん利得処罰法　34
天下り　11, 14, 47, 62, 79, 156, 161, 201, 206
天下り（定義）　163
新たな時代の公務員人事管理を考える研究会　155
意思決定過程　189
一家（主義）　72, 196
一括採用　137, 154, 174
一般職　8, 32
一元（的）管理　181
一律削減方式　196
入口選別（制）　43, 79, 130
裏下り　165
運命論（型）　116, 180, 193, 199
運輸省　123
S-1 試験　108
応答的政府　92, 98, 166, 185
大蔵省　75, 118, 121, 122, 124
——給与局　113
OB 人事　128
大部屋（主義）　61, 137
オーラル・ヒストリー　117, 127
押し付け型の天下り　163
おそい昇進　131

カ 行

改善（カイゼン）　7, 18, 104
階層別研修　49
階統制　197
開放型任用制　54
科学的人事行政　77, 79, 138, 206
閣議　178
革新官僚　105
学閥　51
霞が関文化　3, 160
割拠性　55
ガバナンス（協治）　24, 59, 81, 82
環境庁　119
官公関係　10
監視　193
官治集権体制　37
官主導から政治主導　65, 207
官制大権　27
間接統治　76
官邸　3
官のシステム　12, 190
幹部人事　203
官房　48, 53, 116, 130, 135
官房三課　125, 127
官民関係　10
官民均衡　114
官民人材交流センター　165
官民人材交流センターの制度設計に関する懇談会（センター懇）　172
管理（マネジメント）　104
官吏（制度）　8, 27, 41, 67
官吏服務規律　67
官僚制　8, 9, 31, 91
官僚への信頼　141
議院内閣制　172
議会　84

技官　46
技術官（者）　71, 72
技術者水平運動　72
機能的責任　90
基盤性　16
決められない政治　203
キャリア（制）　12, 48, 62, 128, 132
休職規定　73
級別定数　106
給与改定特例法　2, 36, 179
給与勧告　2
給与決定　147
給与法体制　112, 113
行革促進法　34
教官　46, 71
共管競合事務　139
行政改革委員会　142
行政改革（行革）会議　142, 153
行政監視委員会（参議院）　151
行政管理庁　78, 119, 127
行政国家化　91
行政指導　118
行政手続法　10
行政統制　44, 99
行政文化　56
競争　193, 194, 198
競争遮断　132
均霑　196
技監　71
グリッド　72, 192
グループ　72, 135, 192
グループ別人事　132
経済協力開発機構（OECD）　57
経済産業省　157
刑法　25, 32
経路依存的　4
決算・行政監視委員会（衆議院）　151
現役出向　165
原局型官僚　53
研修　203
権利意識　201
権力の経済学　89
雇員　71
公共財　82
公共性　32
公正さ（fairness）　6, 25, 33
厚生省　119
高等官　70
公費天国　144
公募　134, 203
合法的支配　89
公務員（概念）　25, 34
——給与　1, 104, 121
——行政　24
——数　57
——数の削減　23
——の市民化　152
——の分類基準　36
——の労働基本権　177
——バッシング　200
——倫理　150
公務員制（定義）　7
公務員制度改革　141
公務員制度改革大綱　148, 157, 158
公務員制度調査会　142, 153
公務員制度の総合的な改革に関する懇談会（制度懇）　172
公務員制の性格　3, 16, 54
公務員弾劾制　77
公務員白書　170
効率性（efficiency）　6
ゴーイングコンサーン　16, 103, 107
国際化　149
国士型官僚　53, 96
国民の信頼　161
国民負担率　58

五五年体制　190
個人主義（型）　193, 199, 201
国会オンブズマン構想　151
「国家」観念　98
国家官僚　96, 191
国家行政組織法　10
国家公務員制度改革基本法　172
国家公務員制度改革推進本部　175, 180
国家公務員法（国公法）　7, 43, 78
国家公務員倫理審査会　151
国家公務員倫理法　10, 150
国家戦略特区制度　204
混合型（hybrid）　193, 200
コンセンサス　189, 205

サ　行

再就職　11, 47, 165
再就職等監視委員会　165, 201
財政民主主義　35
裁判所　84
採用試験　44
作為的ランダム化　193
三公社（国鉄・電電・専売公社）の民営化　148
三政会　72
GHQ　76, 107, 115
自衛官　44
自我（ego）　82
資格任用制　69
次官連絡会議　179
試験委員　75
試験区分　11, 43
自己（self）　83
システム理論　14
執政部門　80
指定職　43, 128, 131
支配の諸類型　88
市民　30, 61, 101, 208
市民性（civility）　3, 31
事務官　46, 71
事務次官（等）会議　178
社会局（内務省）　75
社会保険庁の解体　5
週休二日制　61
終身雇用制　130
終身雇用保障（制）　51, 60, 201
集団的英知　170
収賄罪　32, 123
主観的・政治的責任　93
首相官邸連絡調整官　204
受動性（的）　116, 136
自由任用　41, 68
商工省　117, 125
情報公開法　10
職　112, 136
職業人　31
女性活躍　52
職階制　77, 79, 112, 137, 206
初任給　121
自律性　47, 91, 135
自律的政府　91, 97, 144, 166
自律的責任　151, 167
自律と依存　105
人事委員会　77
人事院　42, 77, 78, 106, 108, 135, 158
人事院勧告（人勧）　2, 59, 114, 115
　——の凍結　104, 140, 143, 182
　——の完全実施　146
人事院総裁賞　44
人事官　42
人事局（総理府）　115
人事グループ / 系統　133
人事評価制度　138
信託　80
親任官　70
生活管理機能　92

政官（関係） 10, 33, 42, 207
政策コミュニティ 47
生産管理機能 91
政治主導 42, 174, 203
政治的応答性 178, 183
政治的介入 202
政治的人事 96
政治的中立性 27
政治任用 42, 79, 83
政党政治 72
制度化 18, 107
政と官 97, 172
制度的一貫性（integrity） 93
制度と政策との関連 17
制度の自律化 106
政府（government） 80, 87
政府委員制度 124
政府関係特殊法人労働組合協議会（政労協） 169
政府広報室（内閣府） 164
政府の規模 57
政府倫理法（アメリカ） 150
政務官 41
政務三役 41
責任政府 92
セクショナリズム 5, 55
絶対性 8
説明責任（accountability） 10, 31, 98
銓衡 71
戦後改革 13
全体性（wholeness） 26
全体の奉仕者 10, 25, 108, 189, 190, 208
全農林警職法事件 29
専門職 44, 132
専門職業制（化） 47, 91
専門性 75, 99, 109, 133, 178, 183
専門知識 45
専門調査会 173
専門能力 161
総括管理機能 125
相互性 3, 60, 66, 160, 190, 193, 196
総人件費 34
増税なき財政再建 142
総定員法 59
奏任官 70
総務庁（省） 129, 139, 170
総理府 115

タ 行

対市民規律 10, 31, 99
大衆天皇制 188
代償措置 29
退職管理 159
体制管理機能 89
第二次臨時行政調査会（第二臨調） 140, 142
対民集官紀 31
対話型職員 98, 99
太政官制 68
脱官僚制化 9
タテ割り人事 133
頼もしさ（robustness） 6
男女 52
小さな政府 35, 59
地方官 74, 95
地方公務員法（地公法） 37
地方自治法 10, 37
中央省庁等改革 35
中立性 43
超自我 84, 85
超然内閣 81
勅任官 68, 70
地方公務員制度調査研究会 155
通産省 117, 122, 125
ディレンマ 62, 100, 166
帝国大学 67, 68

定年延長　201
天皇の官吏　70, 94
同一労働同一賃金　28
東京大学　68
党高政低　96
同情的理解　88
統制の規範　3
東大偏重　51
同調　194
透明性　50
特殊法人　32
特別権力関係　28
特別昇給制度　198
特別職　32, 41
独立行政法人　24, 32, 35
特権官僚　48
特権性　50, 55, 65, 70, 196
ドッジライン　114
トムリン（Tomlin）委員会　34

ナ　行

内閣官房行政改革推進事務局　157
内閣官房副長官　41, 49
内閣人事局　180, 203
内閣人事庁（案）　173
内閣法　10
内務省　95
二重の課題　7
二・一ゼネスト　29
日本国憲法　25
日本年金機構　5
認可法人　32
任命権者　133
任用　28, 50, 79
ネジレ現象（国会の）　171
年功序列制　130
年次　126
農水（農林）省　118, 120
能力（実績）主義　50, 126, 184, 202, 206
能力の実証　50, 126
ノースコート・トレベリアン報告　69
ノンキャリア　48, 128

ハ　行

働き方改革　124
八割昇格　132
バブル経済　147
判任官　70
藩閥勢力　73
ピア・レビュー　134
ヒエラルヒー（型）　72, 193, 196, 207
東日本大震災　1, 179
非官吏　70
秘書課長　120, 125
平等主義型　193
フーバー草案　26
武士道　160, 199
不祥事　141
府省連絡会議　179
普段の心証　134
不適正行政　93
プログラム法　175
プロフェッショナル（～リズム）　43, 47
文化理論　3, 191
文官　44
文官試験規則　67
文官試験試補及見習規則　67
文官任用令　67
分限委員会　75
分権型（的）人事　134, 196
分限処分　17
分節政治モデル　30
分離の規範　3, 190
閉鎖型人事　79
閉鎖型任用制　54
閉鎖性　65

ペンドルトン法　69
法制局（戦前）　75
法の支配　89
牧民官　95
ホワイトホール　196

マ　行

マッカーサー宛書簡（吉田茂の）　110
マッカーサー草案　26
みなし公務員　32
身分制　48, 50, 55, 184
身分保障　96
民営化　32
民主化　77
民主的政府　89, 90
民主的統制　25, 27, 73
民主党政権　207
無関心圏　104
メタ・ポリシー　18
メディア　126, 157

ヤ　行

薬害エイズ事件　149
郵政民営化　35
傭人　41, 71
抑圧的政府　87, 94
予測不能性　199
世論　159, 166, 167, 185
世論調査　141, 164

ラ　行

ラスパイレス方式　114
ランダムネス（ランダム化）　193, 199, 200
リアリスト官僚　96
リーダーシップ　205
リスク社会　7, 100
両義性　62, 78, 208
稟議制　190
臨時行政調査会（一次臨調）　139, 140
臨時行政改革推進審議会　142
連合国軍総司令部（GHQ）　76, 107
労働基本権　29
労働組合　114

ワ　行

ワークライフバランス　124, 173, 202
わたり　162